REFORM OF THE INTERNATIONAL
MONETARY SYSTEM: WHY AND HOW?

国际货币体系改革
—— 为何改和如何改?

约翰·B.泰勒（John B.Taylor）◎著

郇志坚◎译　吴　星◎审校

中国金融出版社

责任编辑：黄海清　童祎薇
责任校对：刘　明
责任印制：陈晓川

北京版权合同登记图字 01－2020－4942
《国际货币体系改革：为何改和如何改?》一书中文简体字版专有
出版权属中国金融出版社有限公司所有，不得翻印。

图书在版编目（CIP）数据

国际货币体系改革：为何改和如何改？/（美）约翰·
B. 泰勒（John B. Taylor）著；郇志坚译 . —北京：中国
金融出版社，2024. 12
　　ISBN 978－7－5220－1367－1

　　Ⅰ．①国…　　Ⅱ．①约…②郇…　　Ⅲ．①国际货币体
系—货币改革—研究　　Ⅳ．①F821.1

中国版本图书馆 CIP 数据核字（2022）第 025240 号

国际货币体系改革：为何改和如何改？
GUOJI HUOBI TIXI GAIGE：WEIHE GAI HE RUHE GAI？

出版
发行　中国金融出版社
社址　北京市丰台区益泽路 2 号
市场开发部　（010）66024766，63805472，63439533（传真）
网上书店　www.cfph.cn
　　　　　（010）66024766，63372837（传真）
读者服务部　（010）66070833，62568380
邮编　100071
经销　新华书店
印刷　河北松源印刷有限公司
尺寸　135 毫米×205 毫米
印张　4.75
字数　80 千
版次　2024 年 12 月第 1 版
印次　2024 年 12 月第 1 次印刷
定价　69.00 元
ISBN 978－7－5220－1367－1
如出现印装错误本社负责调换　联系电话（010）63263947

目 录

前言／Ｖ

致谢／ⅩⅠ

1　货币政策的相互关联／1

1.1　利率偏离政策规则的国际传染／1

1.2　中央银行资产负债表和利率操作建模框架／11

1.3　国际货币政策矩阵／16

1.4　资产负债表对汇率的影响：日元、欧元、
美元／22

1.5　小型开放经济体的资产负债表和汇率互动／31

1.6　对国际货币体系的政策影响／39

1.7　货币政策协调／50

1.8　附录：策略变量的数据定义和来源／52

2　关于基于规则的货币政策的深层问题／57

2.1　随着时间的推移，货币政策的各种规则发生了
怎样的变化?／58

2.2　我们可能想要束缚中央银行行长之手的
　　理由是否已经演化？／75

2.3　基于规则的政策和相机抉择政策的界线
　　是什么？／83

2.4　基于规则的政策之争如何影响中央银行的
　　实践？／88

2.5　实施货币政策的拟议立法如何与辩论
　　相吻合？／95

2.6　结论／99

3　我们从理论中得到的是否比投入的更多？／103

3.1　十年前的方式／104

3.2　随后的方式／112

3.3　未来会采用哪种方式？／119

注释／121

参考文献／123

前　言

我们想知道卡尔·布鲁纳（Karl Brunner）等几十年前去世的伟大经济学家对于过去十几年来世界各地非常规的货币政策会怎么想和说些什么。当然，我们永远不可能真正知道。但是笔者认为我们可以从他的学生、合作者和朋友——伟大的经济学家艾伦·梅尔泽（Allan Meltzer）那里得到一些很好的暗示，他在 2017 年去世前发表了自己的观点。

在怀俄明州杰克逊霍尔（Jackson Hole, Wyoming）的堪萨斯城联邦储备银行（美联储）举行的中央银行和货币专家会议上，Meltzer（2016）对近年来的货币政策作出了重要观察。他专注于经常被称为量化宽松（quantitative easing）的货币政策部分，该术语指的是央行资产负债表规模的大幅增长，导致大规模购买金融资产。他认为，通过量化宽松政策，美联储决策者一直在进行"竞争性贬值"。他的意思是政策导致汇率贬值，目的是为出口获得竞争优势，从而以牺牲其他国家利益为代价来刺激经济。他补充说："其他国家现在已经效仿，且对其参与竞争性贬值的现实考虑更不周全。在20世纪30年代，世界已经尝试过竞争性货币贬值，但没有成功，其结果是当时主要国家都同意不再进行竞争性货币贬值。"他说，他希望"美联储应当率先试图恢复不再竞争性贬值的协议"，同时他得出结论，即需要对国际货币体系进行改革。

这本书是关于对国际货币体系进行改革的探讨。它说明了我们为什么需要改革，并说明了如何实现这一改革。首先，它描述了不同国家之间的货币政策决策之间存在很强的国际相关性，而对汇率的担忧是造成这种相关性的主要原因，就像艾伦·梅尔泽对竞争性贬值世界的明确描述一样。在某些情况下，对汇率的担忧似乎是防御性的，因为中央银行抵消了来自国外影响汇率的力量。在其他情况下，对汇率的担忧是令人反感的，因为中央银行试图通过改变汇率获得竞争优势。但是，在所有这些情况下，笔者都阐明货币政策决策的国际相关性导致货币政策偏离稳定通货膨胀和经济的有效政策。而且笔者也阐明，与有效货币政策的偏离反过来导致更大程度的国际政策相关性。其次，笔者认为基于规则的国际货币体系改革将减少相关性和与良好政策的偏离，从而改善经济绩效。笔者提出了一种通过应用基本经济学理论来实现这种基于规则的改革的方法。再次，笔者将尽力回答有关基于规则的货币政策的深层次问题，如果要进行拟议的改革，则必须解决这些问题。最后，笔者将展示在过去经济理论如何为改善经济政策和绩效作出巨大贡献，并且如果在实践中遵循该理论，将来也可以作出相同贡献。

本书的实证部分着重关注 2005 年至 2017 年这包含并与国际金融危机密不可分的十几年。在这段时期的大部分时间里（尤其是在后期），许多中央银行积极使用两种单独的货币政策工具：它们使用了政策利率，这是 19 世纪 80 年代和 90 年代使用的更为常规的政策工具；它们也使用了资产负债表规模，这是一种非常规的政策工具，储备金余额在其中发挥了关键作用。考虑这些原因，笔者建立了一个经验框架来考查资产负债表和利率工具。

本书首先考虑了利率工具。它借鉴了对发达国家和新兴市场经济体的现有实证研究，包括笔者自己的研究(Taylor, 2007b、2013、2016b),以表明近年来中央银行的政策利率决策不断造成国际传染。本书考虑的重点是政策利率偏离,即政策利率与过去一直运作良好的传统政策利率规则之间的偏离。危机传染归因于中央银行对汇率的担忧,这反过来又加剧了货币政策与过去行之有效的标准利率规则之间的偏离。

然后,这本书继续介绍新的经验结果,阐明关于资产负债表规模的决策也有类似的国际影响。这种传染也是由汇率问题引起的。在这里,必须在经验上和分析上区分大型开放经济体的中央银行[例如美联储(Federal Reserve System)、欧洲中央银行(European Central Bank, ECB)和日本银行(Bank of Japan, BOJ)]与小型开放经济体的中央银行[包括瑞士国家银行(Swiss National Bank, SNB)等发达经济体的中央银行,以及墨西哥银行等新兴市场经济体的中央银行]。对于中央银行而言,在大型开放经济体中,对汇率的影响比小型开放经济体更难监测。

尽管如此,这里提供的新证据显示,美联储、日本央行和欧洲央行资产负债表运作对美元兑日元、美元兑欧元和欧元兑日元汇率产生了巨大且具有统计显著性的影响。在小型开放经济体中,资产负债表运作也具有较大的汇率影响，在这些国家中，显性外汇购买通常由储备金余额的增加来融资。因此，货币政策增加了汇率的波动性。

在估计的模型中考虑反事实政策，可以估计政策增加汇率波动性的程度。这项经验工作表明，近年来的政策具有与艾伦·梅尔泽所描述的竞争性货币贬值制度非常相似的特征。此外，在针对汇率采取了几轮货币政策行动和反应之后，国际货币体系的汇率配置大致相同，但资产负债表的放松却要大得多。

致　谢

　　"政策不仅取决于理论和实证，还取决于决策机构的结构以及制定、实施和更改政策的程序。"卡尔·布鲁纳及其学生和终身合著者艾伦·梅尔泽在《卡内基—罗切斯特公共政策会议系列论文》（*The Carnegie - Rochester Conference Series on Public Policy*）的引言中写道。他们着手作出了许多有影响力的努力来联结公共政策制定的原因和方式，这只是这些努力中的一项。所有这些努力的目的是"使经济学家将注意力集中在经济政策和体制安排的重大问题上"，以及"鼓励对政策以及国家机构和国际机构对政策选择的影响进行深入研究"。

　　本着这种精神，笔者写了这本关于国际货币体系改革的书，着眼于为什么（通过利用理论和实证）以及如何（通过法律提议）对决策机构和程序进行改革。笔者出席了 2017 年 9 月 21 日瑞士联邦理工学院（ETH Zurich）在苏黎世举行的卡尔·布鲁纳年度讲座，并在讲座结束后的晚宴上致辞。几周后，即 2017 年 10 月 13 日，笔者在波士顿联邦储备银行（Fed）召开的一次会议上致辞。本书正是基于这两次致辞。2017 年卡尔·布鲁纳演讲是瑞士国家银行（SNB）建立和赞助的卡尔·布鲁纳杰出演讲系列的一部分，恰逢首届会议十周年。在 2007 年 9 月 21 日于苏黎世举行的首届 SNB 年度研究会议上，笔者也曾在晚宴上致辞。感谢瑞士国家银行邀请笔者出席 2017 年举行的卡尔·布鲁纳讲座以及作 2007 年和 2017 年的晚宴致辞。

笔者最初结识卡尔·布鲁纳是通过他提高经济学理论和实践水平的一系列成功举措，例如《卡内基—罗切斯特公共政策会议系列论文》。在这里，像笔者这样的初学者就有机会发表政策论文（笔者的第一篇论文是对 Ed Prescott 1977 年发表的关于时间不一致的论文的评论），并在咨询委员会任职（以笔者为例，任期 20 年）。在其他公开讨论平台包括《货币经济学杂志》（Journal of Monetary Economics）、《货币信贷与银行杂志》（Journal of Money, Credit and Banking）以及康斯坦茨和因特拉肯（Konstanz and

Interlaken）会议上，也可以看到他将想法付诸实践。这也是著名的影子公开市场委员会（Shadow Open Market Committee）的目的。该委员会举行了许多会议，会议中有关货币理论的思想影响了有关政策的实际建议。布鲁纳与艾伦·梅尔泽共同发起和实施了许多此类倡议，后者也为公共政策经济学的发展作出了巨大贡献。

在这些努力中，笔者看到布鲁纳是一位杰出的、富有革新精神的经济学家，他深深地受到有效运用良好经济学改善人们生活的动力的驱使。许多公共政策机构，不仅包括美联储，还包括国际货币基金组织（IMF）、国会预算办公室（CBO）和经济顾问委员会，都是这些努力的焦点。雷·隆布拉和迈克尔·莫兰（Ray Lombra and Michael Moran，1980）在《卡内基—罗切斯特公共政策会议系列论文》一篇关于美联储的论文中，甚至研究了美联储的机构预测能力，他们发现这种能力实际上是相当不错的。布鲁纳对思想和政策制度的认真思考起到了关键的（可能不受重视的）作用。瑞士国家银行行长和国际清算银行（BIS）总裁弗里茨·鲁特威勒（Fritz Leutwiler）指出，他"非常高兴与［布鲁纳］交谈并接受他的一些建议"，如同艾伦·梅尔泽在他最近对布鲁纳的赞赏中指出的一样（Meltzer, 2015；另见 Meltzer, 1992）。

当然，布鲁纳为自己的想法而努力耕耘，他的贡献很有影响力。20世纪60年代他在货币经济学领域的大部分工作在其1968年和1971年的论文中进行了概述（请参阅 Brunner, 1968、1971），并且大多数是与艾伦·梅尔泽合著的，其综合性论文（Brunner and Meltzer, 1993）对此进行了总结。该论文于1989年布鲁纳去世后发表。他们的研究深化了货币经济学的货币和信贷基础，只有少数经济学家如吉姆·托宾（Jim Tobin）、杰克·古利（Jack Gurley）和爱德华·肖（Ed Shaw）作了类似研究。在许多方面，当我们试图将金融经济学引入关注信贷和货币微观基础的货币经济学模型时，布鲁纳—梅尔泽模型（Brunner - Meltzer model）是我们经济学家正在努力的方向。

笔者特别感谢瑞士国家银行董事会主席托马斯·乔丹（Thomas Jordan）的盛情款待和溢美介绍。感谢 Cyrille Planner 和银行工作人员的非凡计划和欢迎。感谢麻省理工学院出版社的艾米丽·泰伯（Emily Taber）提供了对于本书初稿的出色建议。也要感谢许多人在笔者准备演讲并撰写本书时所提供的有益评论和讨论，包括 Matthew Canzoneri、V. V. Chari、John Cochrane、James Dorn、Fabian Eser、Roger Farmer、Jacob Frankel、Michele Fratianni、Boris Hofmann、Manuel Ignacio Iribarren、Jerry Jordan、Donald Kohn、Livio Cuzzi Maya、Marcus Miller、Geovanni Olivei、David Papell、Raghu Rajan、Eric Rosengren、George Selgin、Marie – Christine Slakey、Frank Smets 和三位匿名审稿人。笔者尤其要感谢波士顿联邦储备银行的工作人员提出了构成第 3 章的问题。

1 货币政策的相互关联

近年来的一些研究表明，一个重要的经验现象是，世界各国中央银行作出的利率决策已经相互关联并且高度相关。由此产生的国际政策利率（央行的一项重要货币政策工具）模式正是本书开头所展现的图景。关注利率决策为本书稍后进行更复杂的分析奠定了基础。在本书中，我们考虑了近年来中央银行已使用的另一种货币政策工具——资产负债表规模，它使我们能够探索不同国家货币政策决策之间相互关系的原因和结果。

1.1 利率偏离政策规则的国际传染

国际清算银行（Bank for International Settlements，BIS）通过图 1.1 很好地说明了这一现象。BIS 即中央银行的中央银行，监测着全球主要中央银行的利率决策。

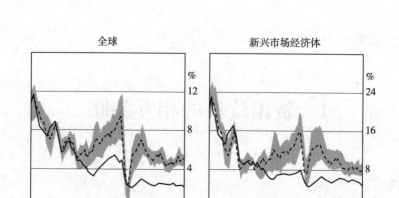

图 1.1 全球大偏离

（资料来源：国际清算银行的鲍里斯·霍夫曼）

（注：加权平均值基于 2005 年 GDP 和购买力平价汇率。计算方法来自 Hofmann & Bogdanova（2012）。"全球"包括发达经济体和新兴市场经济体。发达经济体包括澳大利亚、加拿大、丹麦、欧元区、日本、新西兰、挪威、瑞典、瑞士、英国和美国。新兴市场经济体包括阿根廷、巴西、智利、中国、中国台湾、哥伦比亚、捷克共和国、中国香港、匈牙利、印度、印度尼西亚、以色列、韩国、马来西亚、墨西哥、秘鲁、菲律宾、波兰、新加坡、南非和泰国）

　　该图最初是由国际清算银行的经济研究人员鲍里斯·霍夫曼和比尔亚那·波格丹诺瓦（Boris Hofmann and Bilyana Bogdanova，2012）制作的，目的是展示他们给利率决策起的绰号"全球大偏离"（Global Great Deviation），利率决策基于常用政策规则（例如泰勒规则）

中的政策利率会对通货膨胀和实际国内生产总值（GDP）作出反应。图 1.1 左侧的图标记为"全球"，既包括发达经济体，也包括新兴市场经济体，而右侧的图仅包括新兴市场经济体。图 1.1 底部的注释中列出了国际清算银行计算所使用的发达经济体组和新兴市场经济体组中的经济体。标有"政策利率"的曲线显示了两组经济体的加权平均政策利率（通常是隔夜利率或超短期利率）。标记为"泰勒利率均值"[1]的曲线显示了考虑通货膨胀率和产出缺口的四种测度而得出的"泰勒利率范围"的平均值。泰勒利率是根据两个经济体组各自的通货膨胀率和产出缺口测算的加权平均值计算得出的。

如图 1.1 所示，利率决策和政策规则所隐含的利率在 20 世纪 90 年代非常接近，并且一直持续到 2003 年左右。但是在随后的几年（即导致 2008 年国际金融危机的年份）存在很大的偏离：正如笔者在 Taylor（2007c）中为美国指出的那样，许多中央银行的政策规则要求的政策利率要高于实际的决策利率。当危机和严重的衰退到来时（可能是由低利率导致的过度风险承担所引起的），中央银行大多按照这种规则降低了利率。

但是在危机爆发后不久，它们又开始偏离基于规则的政策，这种偏离在整个危机后的大多数年份中一直持续。因此，图 1.1 显示，包括新兴市场经济体在内的全球中央银行都偏离了这一具有代表性的货币政策利率规则。

查看构成图 1.1 平均值的每个中央银行的数据，它们的偏离与平均值几乎相同。通常情况下，这种偏离是在危机发生之前开始的，然后在危机期间以规则方式降低政策利率，危机之后的一段时间政策利率再次"过低"。当然，也有例外，例如在巴西，政策利率通常高于规则利率，澳大利亚在此期间的政策利率接近规则利率。尽管如此，数据的总体特征还是很清楚的：世界上大多数地区和新兴市场经济体的平均值及单个经济体的数据都显示出中央银行利率与政策规则利率之间相关联的偏离。

1.1.1 中央银行相互跟随

相关联的偏离一个简单而合理的原因是，中央银行倾向于相互跟随，从而导致新兴市场经济体和世界其他地区的利率政策决策的蔓延。中央银行之所以相互跟随，部分是因为它们担心汇率升值：如果大型外国中央银行将利率降低到不寻常的水平，那么除非本国中央银行调低自己的利率，否则本币将倾向于升值。除了降低利率，中央银行还可能采取其他旨在防止本币升值的行动，包括购买外汇、限制资本流入本国，以及采取某种形式的临时宏观审慎行动，以降低本国的国际投资吸引力。

如果大型中央银行提高利率，这些行动和反应可能会逆向发生。资本倾向于从其他经济体流出，降低它们的汇率并引起中央银行提高利率的反应。但是，实际上，中央银行可能不担心汇率贬值，而担心升值，这会倾向于在国际上降低利率。

Taylor（2007b）、Gray（2013）、He 和 McCauley（2013）、Carstens（2015）以及 Edwards（2017）报告了相当多的计量经济学证据，表明国内政策规则的偏离直接与其他经济体的利率变化挂钩。该证据基于估计的政策规则，其中人们可以检测到一个经济体的利率对另一个经济体利率变化的响应。发达经济体和新兴市场经济体的中央银行都有这样的证据。

在 Taylor（2007b）中，笔者将 2001 年至 2006 年美国联邦基金利率纳入了欧洲中央银行（ECB）的利率政策规则估算中。笔者发现国外利率具有统计显著性；当笔者将外国利率纳入美国政策规则时，情况也是如此。He 和 McCauley（2013）研究了中国、印度、印度尼西亚、马来西亚、菲律宾、韩国和泰国的货币政策，他们发现"在计量模型的估计中控制了国内通货膨胀、产出缺口和名义有效汇率后，外国利率对东亚的国内货币环境有虽参差不齐却很显著的影响"。在菲律宾的方程中，该系数高达 0.77，其中仅中国的系数是不显著的。

Colin Gray（2013）使用欧洲中央银行和澳大利亚、加拿大、韩国、英国、挪威、新西兰、丹麦、以色列、巴西、中国及印度尼西亚的中央银行的面板数据估算了政策利率反应函数。他在方程中加入了美国联邦基金利率或其他外国利率测度指标，发现外国利率的平均反应系数显著且很大（高达 0.75）。Carstens（2015）发现美国联邦基金利率在墨西哥银行的政策规则中产生了重大影响，Edwards（2017）发现了智利和哥伦比亚的利率政策外溢迹象，尽管在墨西哥没有。

央行决策者也有直接证据表明，这种利率政策外溢受到汇率问题的影响。笔者是从与中央银行负责人交谈中了解到这一点的，他们在谈话中承认了这些反应，此外从中央银行工作人员所作的研究中也可获知。例如，挪威中央银行（Norges Bank）毫无保留地提供了有关利率决策及其依据的大量细节。挪威中央银行的政策利率决策已参照欧洲中央银行的利率决策大体上进行了调整，以减小汇率波动的幅度。正如 Taylor（2013）所述，挪威中央银行将其利率设定与所使用的若干政策规则进行了比较。这些比较表明，实际政策利率低于国内货币政策规则（泰勒规则或增长率规则）利率的偏离几乎完全是由非常低的国外利率导致的。他们的研究还提出了包括外国利率在内的政策规则。与没有外部利率的政策规则相比，该规则更接近描述政策行动。[2]

　　由于一个以上的中央银行相互影响，这种利率政策的偏离会从一个经济体扩散到另一个经济体并来回震荡而成倍增加。对于图1.2中所示的两个国家，可以使用简单的政策规则来说明此乘数，该国家基于 Taylor (2013)。如图1.2所示，假设国内政策规则偏离的大小取决于另一国中央银行的利率设定。假设 i 是一国中央银行的政策利率，而 i^* 是另一国中央银行的政策利率。假定两个中央银行都偏离自己的政策规则，具体大小取

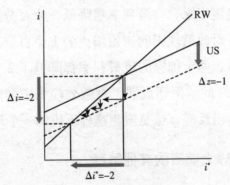

图1.2　国际货币政策传染性乘数的例证

［资料来源：Taylor (2013)］

［注：US 代表美国，RW 代表世界其他国家（Rest of the World）］

决于另一个国家中央银行的利率设定。因此，中央银行相互跟随。

图 1.2 显示了两个中央银行对外国利率的反应函数。在此示例中，第一个中央银行对第二个中央银行的政策利率具有 0.5 的反应系数，第二个中央银行对第一个中央银行的利率具有 1 的反应系数。图 1.2 中假设第一个中央银行的利率 i 比按正常政策规则设定的低 1 个百分点，即 $\Delta z = -1$。然后，第二个中央银行也将其政策利率 i^* 降低 1 个百分点，这将导致第一个中央银行将其利率再降低 0.5 个百分点，从而导致第二个中央银行再次降息，依此类推。在此示例中，最终结果是，一旦迭代过程确定下来，政策利率将降低 2 个百分点。第一个中央银行对政策规则的初始偏离为 1 个百分点，在乘数放大之后，两个国家的政策利率都降低了 2 个百分点或乘数为 2。此示例还说明，乘数效应要求两国对国外的变化都作出反应，也是限制这种反应的一个理由。[3]

1.1.2 全球大偏离的其他解释

可以肯定的是，图 1.1 所示可能是由于一些常见的经济因素导致利率决策脱离了许多中央银行基于规则的政策利率。如果是这样，则相关性可能不反映"跟随领先者的行为"或政策传染，而是对这些共同因素的反应或对其他因素的共同评估。

在某种程度上，共同因素是每个经济体所使用的政策规则的一部分，这些因素已在图 1.1 中进行了说明，因此不能构成对整体偏离规则行为的替代解释。例如，如图 1.1 所示，在国际金融危机爆发之时，实际 GDP 和通货膨胀率普遍下降，大多数经济体的利率急剧下降。但是这种影响已经存在于政策规则和加权平均政策规则中，因为每个经济体的产出和通货膨胀都属于国际清算银行在其分析中使用的规则。要说真有什么，这个共同因素导致政策利率更接近类规则（rule‑like）的行为：在危机期间，政策规则线和政策利率线趋于一致。当时，全世界大多数中央银行都观察到了类规则的行为。

过去几年讨论最广泛的共同因素也许是所谓的均衡实际利率的下降，通常称为 r^*。Laubach 和 Williams（2016）追溯 r^* 的变化至少到国际金融危机发生之时。如果政策规则不包括 r^* 的变化，并且决策者由于观察到 r^* 的变化而调整了利率，那么政策就会偏离规则。

但是，如图 1.1 中所计算的规则一样，每个中央银行的政策规则中都包含了 r^* 的变化。如尾注 1 所示，BIS 计算的政策规则中包含 r^* 项，并允许 r^* 变动。计算过程是通过实际产出增长趋势的变化来替代 r^*。因此，

r^* 的变化转化为由政策规则给出的政策利率变化，而不是真实利率和政策利率的偏离。中央银行所看到的 r^* 的变动可能无法通过这种方法很好地描述。Laubach 和 Williams（2016）考虑了趋势增长率的这种变化，并且考虑了影响 IS 曲线的短期因素。

随着时间的推移，经济冲击也可能在全球范围内变得更加同步，这可能导致人们将其列为图 1.1 所示的全球偏离的另一种解释。但是，如果将这些冲击包括在各国的政策规则中（例如对实际 GDP、通货膨胀和均衡实际利率的冲击），那么同步性的提高将不会导致与政策规则的偏离。

还有一种可能是，从 2003 年前后开始，在世界各地的中央银行之间开始传播某种观点，那就是偏离政策规则是恰当的。例如，美联储在 2003—2005 年决定偏离过去 20 年遵循的政策规则的决策已经在国际中央银行论坛上进行了讨论，并引起了其他中央银行及其研究部门相关人员的注意。笔者不知道在国际金融危机爆发之前是否发生过这种情况，而且在此期间，实际上许多新兴市场经济体迈向基于规则的通货膨胀目标的总体举措似乎朝相反的方向发展。

尽管关于利率决策与政策规则的全球大偏离的其他解释的更多研究将是有趣且有用的，但基于本节提出的考虑，笔者的总体观点是，与中央银行近年来在汇率和资本流动方面一直相互跟随的观点相比较，这些解释存在不足。

1.2　中央银行资产负债表和利率操作建模框架

在应用利率工具的情况下，近年来国际上中央银行之间的国际连接很容易被看到，但这种相互影响也涉及另一种政策工具：中央银行资产负债表运作。为了同时考虑这两种政策工具并掌握最新经济政策环境的关键特征，需要一个合适的建模框架。该模型必须不同于笔者在 20 世纪 80 年代建立的国际模型（Taylor，1988），以找到优良的利率规则，例如所谓的泰勒规则（Taylor，1993a）。在该模型中，实际上只有一种货币政策工具，通常是短期利率。在资本流动和理性预期模型的附加假设下，不可能使汇率或任何其他资产价格脱离利率政策规则所蕴含的基本路径。

相反，笔者在本书中介绍的框架反映了这样一个现实，即中央银行实际上拥有两种脱节的政策工具：一是短期利率；二是资产负债表上储备金余额的供给，用于为购买国内或外国证券提供资金。通过支付储备金余额的利息（正数或负数）可以实现脱节。因此，如果中央银行希望在不改变利率的情况下扩大其资产负债表，或者在不改变其资产负债表的情况下改变其利率，则可以使用储备金利率。这样，中央银行既可以设置利率，也可以调整其资产负债表的规模，从而干预许多不同的市场。两种工具之间的这种脱节使中央银行出于各种原因可以介入其他市场，包括向某些部门分配资金，处理零利率或利率有效下限（Effective Lower Bound，ELB）问题，或者解决汇率问题。[4]

国际金融危机和 2007—2009 年的大衰退期间，大型发达经济体的中央银行通过量化宽松计划大规模购买以本国货币计价的国内证券。既定的目标通常是提高这些国内证券的价格并降低其收益，尽管有时会涉及汇率。相反，在较小的发达经济体或新兴市场经济体中，中央银行的购买更明确地针对汇率，因此，它们购买了以外币（Foreign Currency，FC）计价的外国证券。有关证据，请参见 Chen、Filardo、He 和 Zhu（2012）、Filardo 和 Yetman（2012）及 Cukierman（2017）。

为了在本书中以可管理的方式为该框架提供经验和实践政策内容，笔者考虑了多个中央银行的实际资产负债表数据和利率政策。笔者认为小型开放经济体中的决策者可以将国外有效利率和资产负债表看作既定的，而不受其自身政策影响。相反，大国的中央银行并不把其他中央银行的利率或其他行动看作既定的。

笔者以三个中央银行代表大型开放经济体：美联储、欧洲中央银行和日本银行（BOJ）；同时，还考虑一个小型开放经济体的中央银行——瑞士国家银行（SNB），作为其他小型开放经济体中央银行的代表。这样，笔者可以以一种简单但具有启发性的方式考虑不同类型中央银行之间的互动。

如本章稍后所述，鉴于这种调查资产负债表政策的方法取得了成功，一个有用的扩展将是在分析中纳入更多开放经济体（尤其是新兴市场经济体）的中央银行。从经济计量上讲，要处理一大批经济体会很困难，上一节描述了发达经济体和新兴市场经济体之间利率政策的重大传染效应。Chen 等（2012）表明，资产负债表政策的溢出效应在新兴市场经济体中也很普遍，包括中国、印度、韩国、印度尼西亚、马来西亚、菲律宾、新加坡、泰国、阿根廷、巴西、智利和墨西哥。

当然，近年来，小型开放经济体中央银行的政策行动既有相似之处，也有不同之处。通常，差异是由该经济体特定因素引起的，例如较高的历史通货膨胀率。Cukierman（2017）认为，近年来瑞士国家银行和以色列银行在外汇操作中的关键异同，对其他中央银行开展更多此类工作将非常有用。

笔者专注于资产负债表的负债方，并假设大多数资产购买均由所谓的储备金余额（reserve balances）的资金来支付。对于美联储，购买美元计价债券的资金来自以美元计价的储备金余额的增加；对于日本银行，购买日元计价证券的资金来自以日元计价的储备金余额的增加；对于欧洲中央银行，购买欧元计价证券由以欧元计价的储备金余额提供资金。对于瑞士国家银行，购买欧元和美元计价的证券由以瑞士法郎计价的储备金余额提供资金。围绕这些资产和负债，中央银行资产负债表上发生变化的关键项目如表1.1所示，这是使用 Taylor（2018）中创立的方法简化的实际资产负债表。

表1.1 简化的中央银行资产负债表：大小开放经济体

大型开放经济体的中央银行		小型开放经济体的中央银行	
资产	负债	资产	负债
国内证券	储备金余额	外币计价资产	储备金余额

对于美联储，储备金余额是指在美联储的银行存款；对于日本银行，它是经常账户（CA）余额；对于欧洲中央银行，它是经常账户加上存款便利（Deposit Facility, DF）；对于瑞士国家银行，它是国内外银行和机构的即期存款，外加其他即期负债。当然，中央银行

资产负债表上还有其他项目，包括本币和中央银行本币借款，但用于量化宽松融资的主要项目是这些储备金余额的变化。笔者使用的是储备金余额术语，这是美联储的常用术语，其他中央银行则使用其他术语。本章附录给出了每个经济体储备金余额的准确定义。

此外，每个中央银行都设置其短期政策利率。对于美联储来说，政策利率是联邦基金利率，由于储备金余额如此之高，现在可以通过设定储备金利率有效地确定该利率。尽管机制略有不同，但其他中央银行的情况基本相似。这些政策利率的具体定义可在本章的附录中找到。

私营部门在中央银行持有证券和存款基金（储备金余额）。其价格和收益率由市场力量决定。欧元、美元和瑞士法郎之间的汇率由市场决定，各国的债券价格也由市场决定。

表1.2总结了建模框架中考虑的变量名称和定义。字母 R、I 和 X 分别代表储备金余额、利率和汇率。下标 U、J、E 和 S 代表中央银行及其国家或地区：美国、日本、欧元区和瑞士。因此，四个中央银行的八个政策工具是资产负债表项目（储备金余额）R_U、R_J、R_E 和 R_S，以及短期政策利率 I_U、I_J、I_E 和 I_S。市场确定的汇率为 X_{JU}、X_{JE}、X_{UE}、X_{SU}、X_{SE} 和 X_{SJ}。

表 1.2 关键变量名和定义

变量名	定义
R_U	美联储，储备金余额，百万美元
R_J	日本银行，经常账户余额，亿日元
R_E	欧洲中央银行，经常账户和存款便利，百万欧元
R_S	瑞士国家银行，即期存款和其他即期负债，百万瑞士法郎
I_U	有效联邦基金利率，百分比，美元
I_J	活期货币利率，百分比，日元
I_E	存款便利利率，百分比，欧元
I_S	瑞士平均隔夜利率（Saron），百分比，瑞士法郎
X_{JU}	汇率，每 1 美元兑日元
X_{JE}	汇率，每 1 欧元兑日元
X_{UE}	汇率，每 1 欧元兑美元
X_{SU}	汇率，每 1 美元兑瑞士法郎
X_{SE}	汇率，每 1 欧元兑瑞士法郎
X_{SJ}	汇率，每 1 日元兑瑞士法郎

1.3 国际货币政策矩阵

现在考虑近年来这四个经济体的八项政策工具的一般经验特征，重点关注 2005 年至 2017 年，四个中央银行就是从此时开始以这种方式使用利率和资产负债表工具的。这里采集了这期间发生的主要更改。首先，笔者查看了原始相关性、时间序列模式以及利率和资产负债表操作之间相互作用的示例。如前一节所述，笔者以对政策利率之间的关系的研究成果为基础，重点研究资产负债表之间的关系。

1.3.1 相互关联模式

表 1.3 所示的国际货币政策矩阵显示了八种工具之间的相关性。矩阵中显示出几个显著的特点。

表 1.3　　　　　　　　国际货币政策矩阵

变量	R_U	R_J	R_E	R_S	I_U	I_J	I_E	I_S
R_U	1.00							
R_J	0.72	1.00						
R_E	0.49	0.64	1.00					
R_S	0.89	0.85	0.69	1.00				
I_U	−0.77	−0.36	−0.44	−0.58	1.00			
I_J	−0.53	−0.45	−0.37	−0.48	0.49	1.00		
I_E	−0.81	−0.57	−0.51	−0.71	0.76	0.87	1.00	
I_S	−0.81	−0.62	−0.57	−0.72	0.83	0.81	0.93	1.00

注：每个条目显示 2005 年 1 月至 2017 年 5 月期间每行的政策工具（储备金余额或利率）与每列的政策工具之间的相关系数。

第一，每个经济体的储备金余额之间都有很强的正相关性。正如前面有关不同国家利率工具之间的相关性的讨论所指出的，这可能表明一个中央银行的资产负债表行为直接传染给另一个中央银行的资产负债表行为；

或相关性可能是由于对共同冲击的反应。本书的目标之一就是探究这些可能性。

第二，表1.3显示了所有经济体利率工具之间的强正相关性。这种相关性对应于本章回顾的有关该主题的最新文献。国际货币政策矩阵中最强的相关性是瑞士国家银行政策利率和欧洲中央银行政策利率之间，相关系数为0.93。

第三，国际货币政策矩阵显示了四个经济体中每一个经济体的两种政策工具之间的负相关性：当政策利率较低时，储备金余额（因而资产负债表）较高。这可能是由中央银行的普遍假设，即两种工具的影响相似所造成的：假设较低的政策利率和扩大的资产负债表从而较高的储备金余额将增加总需求，提高通货膨胀率并使货币贬值。

第四，经济体之间的储备金余额和利率之间存在一致的负相关性。这些是简单的相关系数，相关系数为负可能是由每个经济体的负面影响，以及每个经济体利率或储备金余额的传染性影响所致。

1.3.2 储备金余额随时间动态相关变化

可以从图1.3中获得有关不同经济体的储备金余额之间联系的更多信息，该图显示了截至2017年的12年中，美联储、日本银行和欧洲中央银行的储备金余额的实际路径。图 1.3 始于 2005 年，在 2008 年开始大幅增加外汇储备之前，这样可以更好地说明这一变化的巨大幅度。在这里，人们可以更好地看到表 1.3 中相关性的原因，并观察到明显的时间因果关系。在此期间，美联储处于领先地位，其储备金余额大幅增加，并被用于大规模购买国内证券，如表 1.1 简化的资产负债表所示。这些购买是在 2008 年恐慌期间短暂的流动性操作之后进行的，国内证券包括抵押支持证券和美国国债。这些大规模购买通常被称为第一轮、第二轮和第三轮量化宽松。从 2015 年开始，美国储备金余额开始减少，因为

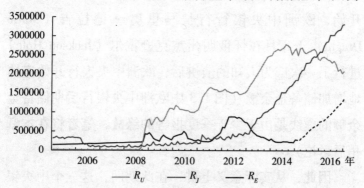

图 1.3　2005—2017 年美联储（R_U）、

日本银行（R_J）和欧洲中央银行（R_E）的储备金余额

（注：纵轴的单位为 R_U 百万美元、R_E 百万欧元和 R_J 亿日元）

购买的证券数量减少，然后结束，货币需求增加，从而减少了用储备金余额为股票融资的需求。最近，美联储减少了其国内证券投资组合的规模，从而减少了通过储备金余额进行融资的需求。

如图 1.3 所示，首先是美国储备金余额的扩张，接着 2013 年初日本采取了类似举措，日本银行储备金余额紧随美联储进行扩张。安倍晋三（Shinzō Abe）当选日本首相后，他选择了黑田东彦（Haruhiko Kuroda）担任日本银行行长。黑田东彦开始利用储备金余额购买国内证券。到 2017 年，这种增长还没有降低，尽管偶尔也有人谈论并考虑逐渐降低。然后，从 2014 年下半年开始，欧洲中央银行行长马里奥·德拉吉（Mario Draghi）于 8 月在怀俄明州杰克逊霍尔（Jackson Hole）进行了一次广为人知的演讲后，欧洲中央银行开始谨慎地增加储备金余额（图 1.3 中欧洲中央银行后期储备金余额的虚线是由于少于季度报告的缘故，笔者将在本章稍后讨论）。

因此，从实际意义上讲，在此期间，这三个中央银行一直相互跟随。储备金余额的增加首先从美国开始，接着是日本，然后是欧元区。最后，全球流动性的增加要比没有这种传染性的情况大得多。一个重要的问题是，中央银行是否只是在试图提供流动性，或者这些行动是否属于竞争性贬值过程的一部分。

对于利率工具，如前所述，一种常见的研究方法是通过将外国中央银行的利率纳入反应函数来衡量中央银行对其他经济体利率决策的反应。在资产负债表作为政策工具的情况下，这要困难得多，因为没有可比的估计或理论反应函数可供使用；然而，Piotr Skolimowski（2017）报告称，法国农业信贷银行的 Louis Harreau 正在努力做到这一点。此外，一个中央银行的行动与另一个中央银行的反应之间似乎存在不确定的延迟。

不过，报告在每个经济体的储备金余额的反应函数中包括其他中央银行储备金余额的影响或许挺有趣。如果方程中没有其他推动变量（例如通货膨胀率或实际GDP），我们可以认为方程中的误差项会驱动每个经济体的储备金余额。例如，考虑一个反应函数，其中日本的储备金余额会同时响应美国的储备金余额而变动，而美国的储备金余额又会同时响应日本的储备金余额而变动。此处显示了这一情形下从 2005 年 1 月到 2017 年 5 月的样本期间的简单估计回归方程，括号内为 t 统计量：

$$R_J = -108 + 0.76R_U + e$$

$$(-1.2)(13.4)$$

$$R_U = 647 + 0.72R_J + v$$

$$(9.01)(13.37)$$

就像图 1.2 中所示的利率反应一样，可以从这两个方程式计算国际储备金余额的乘数效应。在一系列反复作用之后，对美国所受冲击 (v) 的最终反应是将储备金余额增加约两倍于原始政策规则方程所要求的。这与图 1.2 中所示的利率反应函数类似。v 的 1 单位变动会引起 R_U 增加 $(1 - 0.76 \times 0.72)^{-1} = 2.2$。但是，如果没有针对此类响应的正式理由，我们就无法假设这些系数是稳定的，或者在滞后的情形下效应不会发生。在下一节中，我们考虑对此类反应的更正式解释，其中涉及对汇率的影响。

1.4 资产负债表对汇率的影响：日元、欧元、美元

为了确定汇率是否可能成为中央银行资产负债表决策的一个因素，我们需要考察这些决策对汇率的影响。为此，笔者考虑以下模型：

$$X_{JU} = \alpha_0 + \alpha_1 R_J + \alpha_2 R_U + \alpha_3 R_E$$

$$X_{JE} = \beta_0 + \beta_1 R_J + \beta_2 R_U + \beta_3 R_E$$

$$X_{UE} = \gamma_0 + \gamma_1 R_J + \gamma_2 R_U + \gamma_3 R_E$$

其中，美元、日元和欧元之间的汇率取决于每个中央银行的储备金余额。这些方程式类似于倒置的货币需求方

程，其中货币是银行在中央银行所持有的储备金余额或存款的数量。不需要经典货币需求模型中的收入或 GDP 之类的规模变量，因为相对于此期间的规模变量而言，储备的变动非常大。尽管可以将储备金余额放在方程的左侧而不是右侧，但位于右侧的汇率变量的短期波动性更大，因此其影响也更难估计。

上述方程的经济原理如下：如果银行愿意持有更多以日元计价的储备 R_J，则它们必然期望日元相对于美元和欧元升值。因此，α_1 和 β_1 应该为正，因为日元或欧元的贬值使它们随后升值的可能性更大。同样的推论表明，$\alpha_2 < 0$ 和 $\gamma_2 > 0$，$\beta_3 < 0$ 和 $\gamma_3 < 0$。在这段时期的大部分时间里，尤其是在后危机时期，利率变化很小，基本上徘徊在零附近，因此，预期收益的变化可能受到这些汇率变动的支配。

1.4.1 回归结果

最小二乘回归结果如表 1.4 所示。与相关系数矩阵和图表一样，样本期从 2005 年开始到 2017 年，每个方程的开始和结束月份略有差异。

在解释表 1.4 中的回归系数的大小时，请回想一下，美联储（2225769）、欧洲中央银行（1631073）和瑞士国家银行（552694.9）的储备金余额以百万为单位，日本银行（3516854）以亿元计，括号中显示了 2017 年 5 月的储备金余额水平。还请记住汇率是美元/欧元（1.105）、日元/欧元（124.03）和日元/美元（112.24）。因此，系数非常小，对于美元/欧元的回归方程，它们的系数最小。

表 1.4　　　　资产负债表变动对汇率的影响

回归方程	常量	R_J	R_U	R_E	R^2
X_{JU} （¥/$）	113.0 (97.4)	2.10E-05 (19)	-1.22E-05 (-13)	-3.17E-05 (-12)	0.74
X_{JE} （¥/€）	153.6 (83.7)	1.56E-05 (8.8)	-1.20E-05 (8.2)	-4.88E-05 (-11)	0.61
X_{UE} （$/€）	1.366 (105)	-1.06E-07 (-8.5)	3.85E-08 (3.7)	-7.45E-08 (-2.3)	0.51

注：X_{JU} 回归方程的样本区间是 2005 年 5 月至 2017 年 5 月。X_{JE} 和 X_{UE} 回归方程的样本区间是 2005 年 1 月至 2017 年 1 月。括号内为 t 值。

从各个方面来看，理论预测都得到了数据的证实：

● 日本银行储备金余额 R_J 的增加导致 X_{JU} 和 X_{JE} 上升；换句话说，这导致日元对美元和欧元贬值。

● 美联储储备金余额 R_U 的增加导致 X_{JU} 下跌而 X_{UE} 上涨；换句话说，这会导致美元对日元和欧元贬值。

● 欧洲中央银行储备金余额 R_E 的增加导致 X_{JE} 和 X_{UE} 下跌；换句话说，这会导致欧元对日元和美元贬值。

为了完整起见，笔者已考虑了交叉效应，例如日本

银行的 R_J 上升时对美元对欧元汇率的影响。在这种情况下，此举将导致欧元对美元贬值。

估计的影响很大且非常显著。回归表明，这三个经济体的资产负债表（量化宽松）对汇率的影响都很大。尽管包括本书前言中提到的艾伦·梅尔泽在内的数名经济学家和市场分析师讨论了这些影响，但据笔者所知，这是第一个以统计学方式证明这种影响的研究。

结果也与在此期间如何以及为何作出决策的政策阐述一致。在美国量化宽松和扩大储备金余额期间，日元对美元汇率大幅升值，并且随着美联储扩大其大规模资产购买计划而继续升值，购买的资金来源是储备金余额增加，而日本银行只作出很小的反应甚至未作出反应。回想一下，货币升值已成为 2012 年日本大选的关键问题，安倍晋三当选首相后，他任命了黑田东彦为日本银行行长，日本银行实施了自己的量化宽松政策。与这种政策变化相关的是日元贬值。欧洲中央银行随后采取的量化宽松政策举措同样是出于对欧元升值的担忧。在 2014 年 8 月的杰克逊霍尔会议上，欧洲中央银行行长德拉吉谈到了这些担忧，并建议采取量化宽松政策。随后的政策转变是欧元疲软。这些影响的证据可以在估计方程中找到。

可以肯定的是，这些方程中的误差项存在大量的序列相关，可能会使系数的标准误差的估计产生偏误。因此，笔者还用 Newey – West（1987）的修正来估计标准误差。这不会影响点估计，但是会增加系数的估计标准误差并降低估计的 t 统计量。在日元/美元方程中，t 值分别变为 50.2、10.0、–6.9 和 8.6；在日元/欧元方程中，t 值变为 35.0、5.1、–3.9 和 –9.5；而在欧元/美元方程中，t 值变为 40.8、–5.6、1.8 和 –1.6。

1.4.2　对汇率稳定的影响

衡量资产负债表操作对汇率波动性影响的一种方法是，使用表 1.4 中的等式，比较储备金余额无变化的反事实下的汇率波动性与实际波动性。对于日元/美元方程，回归的标准误为 7.27，因变量的标准差为 14.11，这表明储备金余额的变动几乎使汇率波动增加了一倍。对于日元/欧元方程，回归的标准误为 11.3，因变量的标准差为 18.03，这表明储备金余额的变动使汇率的波动性提高了 60%。对于欧元/美元方程，回归的标准误为 0.080，因变量的标准偏差为 0.112，这表明储备金余额的变动使汇率的波动性提高了 40%。

1.4.3　背景图

使用图 1.4 中的三个面板图可以进一步理解表 1.4

中展示的统计结果。在每个面板图的顶部，显示了相同的储备金余额时间序列模式；在每个面板图的下部，显示了不同的汇率对。在第一个面板图中，可以看到美元对日元走弱，直到日本银行采取行动为止，之后美元对日元走强。在第二个和第三个面板图中，可以看到欧洲中央银行采取行动后欧元对美元和日元走弱。

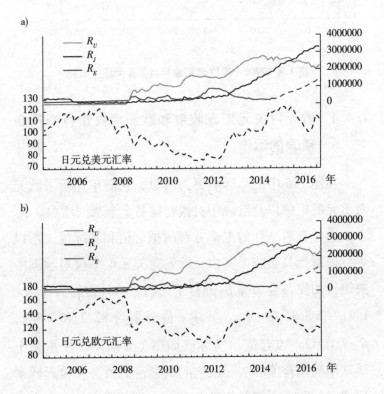

图 1.4 2005—2017 年汇率和储备金余额

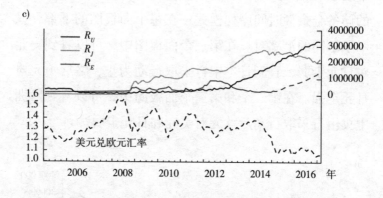

图 1.4　2005—2017 年汇率和储备金余额（续）

1.4.4　欧元对美元汇率收窄和欧洲中央银行资产负债表的运作

在图 1.5 中汇率影响更为明显，它简单显示了欧元对美元的汇率以及欧洲中央银行储备金余额的增加。

通过查看估计的汇率方程的拟合值和实际值，可以更好地看到其影响，其中，欧元对美元汇率仅对欧洲中央银行的储备金余额 R_E 进行了回归。估计方程为 $X_{EU} = 1.41 - 2.36\text{E-07} \cdot R_E$，其中 t 值分别为 82.2 和 −8.1，R^2 为 0.42。拟合值和实际值如图 1.6 所示。注意整个样本期间拟合值和实际值之间的紧密关系。在接近样本尾部时，欧元大幅贬值且 R_E 增加。贬值是在储备金余额

实际变动之前开始的，因为该变动已经提前发出了
信号。

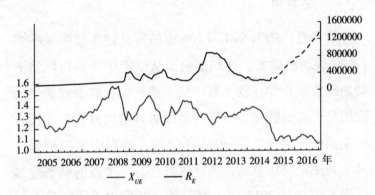

图 1.5　欧洲中央银行的欧元对美元汇率和储备金余额

图 1.6　X_{EU} 对 R_E 的简单回归得出的实际值和拟合值

1.4.5 欧洲中央银行的观察缺失和每周数据的稳健性检查

请注意,图 1.4 和图 1.5 中的每月储备金余额序列(R_E)表现出缺失。这些是由于从欧洲中央银行网站下载的经常账户和存款工具中缺少观测值。缺少观测值的原因是,在新的储备金维持期没有开始的月份中,没有收集到任何数据。在 2014 年之前,欧洲中央银行每月开会并决定货币政策,因此每月都有一个新的储备金维持期。但是从 2015 年 1 月开始,欧洲中央银行将会议和货币政策决策的频率降低到大约每六周一次。结果,有几个月没有新的维持期开始,并且每月数据集不包含经常账户和存款便利的数值(因此缺少 R_E 的观测值)。

如果只对最低储备金余额感兴趣,那么那些有缺口的月份应取前一个月的值,因为这之间的储备金要求不会改变。但是,对于经常账户和存款便利,对每月序列使用这种方法就没有意义,因为即使在没有召开货币政策会议的月份中,这些序列也会改变。欧洲中央银行目前正在寻找一种统计程序,以创建更有意义的月度序列数据。同时,可以通过使用每周而不是每月的活期账户和存款便利以及由此产生的 R_E 来检查这些结果的稳健性。

图 1.7 显示了每周数据序列，可以将其与图 1.5 中的每月数据进行比较。形态非常相似，可使用非常相似的回归方程进行检查。

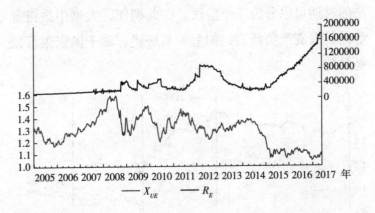

图 1.7　每周观察：欧洲中央银行欧元对美元汇率和储备金余额

如果使用每周数据，欧元对美元汇率对欧洲中央银行的储备金余额 R_E 进行回归，则可以得出以下估算方程：$X_{EU} = 1.382 - 2.09E\text{-}07 \cdot R_E$，$t$ 值分别为 214.5 和 -17.7，R^2 为 0.33。

1.5　小型开放经济体的资产负债表和汇率互动

现在，让我们考虑一下小型开放经济体如何应对这些国际发展动态，重点关注瑞士国家银行对于瑞士法郎汇率变动所采取的行动。图 1.8 显示了瑞士法郎对欧元和美元的近期变动历史。该图显示，自国际金融危机以来的时期可以分为三个阶段。在此期间，大型中央银行都在扩大资产负债表，如上一节所述，瑞士国家银行也是如此。

图 1.8　瑞士法郎对美元和欧元汇率

在第一阶段，即使瑞士国家银行进行干预，通过购买美元和欧元来防止这种情况发生，瑞士法郎依然升值。在第二阶段（始于 2011 年 9 月），瑞士国家银行表示将进行无限制干预，以防止瑞士法郎跌破 1.2 瑞士法郎兑 1 欧元的下限。理由是强势货币对经济构成威胁，并可能导致通缩。正如 Clarida（2016）所说，"如果邻国没有危机，他们可能永远不会考虑作出此反应。"第三阶段于 2015 年 1 月开始，大约在欧洲中央银行采取量化宽松政策以及欧洲中央银行储备金余额大幅增加之际，具体如图 1.2 所示。

1.5.1　资产负债表扩张和外汇（FC）购买

外汇购买大多以欧元和美元计价。2016 年，按瑞士法郎计算的 6690 亿购买中，3210 亿为欧元、3090 亿为美元。外汇购买的大部分资金来自银行的即期存款和即期负债。如前所述，笔者称这些数额之和为储备金余额，并在图 1.9 中将其标记为 R_s。如图 1.9 所示，自危机以来，瑞士国家银行大幅增加了对 FC 的投资持有量（即欧元和美元），R_s 密切追随了 FC 持有量的走势。该时机似乎与其努力防止瑞士法郎升值密切相关，而升值源于欧洲中央银行和美联储的动向。

可以肯定的是，其中一些购买是通过其他方式筹集资金的，其中包括发行货币和发行瑞士国家银行债务。如图 1.10 所示，在 2010 年和 2011 年，一些最初的外汇购买是通过发行瑞士国家银行债务凭证（debt certificates）实现的。人们可以在图 1.9 中看到储备金余额（R_s）和 FC 购买之间的缺口。这与图 1.10 中债务凭证的临时增加相对应。尽管如此，FC 购买的大部分增加是由储备金余额提供资金的。

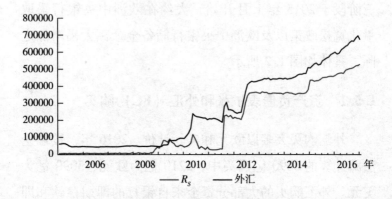

图1.9 瑞士国家银行的储备金余额和外汇购买

百万瑞士法郎

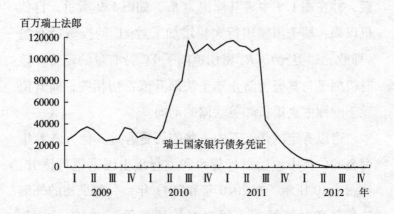

图1.10 瑞士国家银行在 2010 年和 2011 年增加的临时债务

图 1.11 显示了在此期间瑞士国家银行的欧元汇率（X_{SE}）与储备金余额（R_S）之间的密切关系。它还显示了 R_S 对汇率变动的反应。在此，瑞士国家银行增加了储

备金余额，并购买了欧元和美元，以试图限制瑞士法郎的升值。虽然图 1.9 和图 1.11 一起提供了令人信服的证据，表明资产负债表是根据汇率压力而扩张的，但它们并未显示外汇购买对汇率的影响，而这种影响可能是相反的。

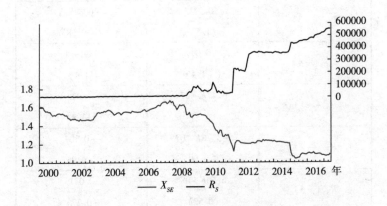

图 1.11 储备金余额（R_S）和瑞士法郎对欧元汇率（X_{SE}）

1.5.2 R_S 和 X_{SE} 之间的双向因果关系

要查看政策对汇率的影响以及政策的反应函数，我们可以从瑞士法郎汇率和资产负债表的扩张的向量自回归（VAR）中检查脉冲响应函数。我们在假设储备金需求处于一定水平的前提下，使用 R_S 的水平值而不是变化值。表 1.5 显示了估计的 VAR。该估计的样本期间包括国际金融危机时期。

表 1.5　　VAR：X_{SE} 和瑞士国家银行储备金（R_S）

变量	X_{SE}	R_S
X_{SE}（−1）	1.24 (6.9)	−72096.0 (−1.1)
X_{SE}（−2）	−0.305 (−2.6)	−9489.1 (−0.089)
X_{SE}（−3）	0.17 (1.5)	−60825.5 (−0.58)
X_{SE}（−4）	−0.099 (−1.4)	95919.1 (1.4)
R_S（−1）	$3.47E-07$ (4.3)	1.02 (13.8)
R_S（−2）	$-3.76E-07$ (−3.09)	−0.107 (−0.95)
R_S（−3）	$6.50E-08$ (0.52)	0.031 (0.27)
R_S（−4）	$-2.68E-08$ (−0.33)	0.019 (0.25)
常量	−0.0189 (−0.7)	72404.2 (2.9)
R^2	0.99	0.99

注：样本期间为 2000 年 5 月至 2017 年 5 月，括号中为 t 值。

　　格兰杰因果关系检验表明存在很强的双向因果关系：R_S 并非 X_{SE} 的格兰杰原因的假设被拒绝，其 F 统计量为 4.74。X_{SE} 并非 R_S 的格兰杰原因的假设以 4.04 的 F

统计量被拒绝。换句话说，汇率的变化是 R_S 扩张的格兰杰原因。反过来，R_S 扩张也是汇率变化的格兰杰原因。

可以通过此 VAR 计算脉冲响应函数。这些在图 1.12 中显示，并有 95% 的置信水平，表明它们具有很强的统计显著性。左下角的面板图显示，瑞士国家银行通过增加 R_S（购买欧元和美元由 R_S 融资）对瑞士法郎升值（X_{SE} 下跌）作出反应。右上方的面板图显示，当瑞士国家银行增加 R_S（即购买外汇）时，瑞士法郎贬值（即 X_{SE} 升值）。

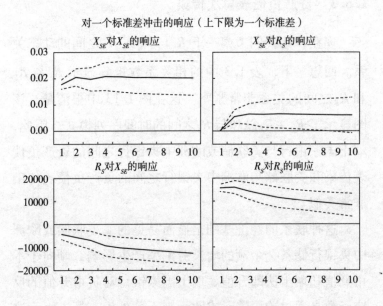

图 1.12　脉冲响应函数：R_S 和 X_{SE}

虽然本次实证研究的数据来自瑞士和瑞士国家银行的经验,但该机制在其他小型开放经济体中很常见。笔者发现,当政策工具是利率而不是资产负债表时,也存在相似的因果关系:瑞士国家银行政策利率和欧洲中央银行政策利率之间的差异会影响瑞士法郎对欧元的吸引力程度。脉冲响应函数表明,瑞士法郎贬值会导致瑞士利率相对于欧元区利率上升,而利率上升会导致瑞士法郎相对于欧元升值。

1.5.3 资产负债表再次传染

现在,让我们考察一下 R_S 与 R_E 或 R_U 之间的动态关系。回想一下,表 1.3 中的相关系数矩阵显示 R_S 与 R_U 和 R_E 之间的关系非常紧密。这在图 1.13 中很清楚,该图显示了 $R_U + R_E$ 总和与 R_S 之间的时间序列模式。因此,瑞士国家银行与美联储或欧洲中央银行之间的资产负债表传染和美联储与欧洲中央银行之间的资产负债表传染非常类似。

这种联系的经济基础是显而易见的。美联储或欧洲中央银行储备金余额的增长对汇率产生影响,倾向于本币贬值和瑞士法郎升值。瑞士国家银行对货币升值的反应函数是通过购买美元或欧元来干预外汇市场。因为这些资金主要是由储备金余额提供融资,所以最终效果是

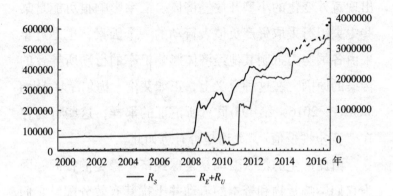

图 1. 13　储备金余额：R_S 和 $R_E + R_U$

储备金余额相互追随。尽管美联储和欧洲中央银行的行动不一定针对瑞士法郎，但它们对该货币施加了升值压力，这引起了瑞士国家银行的回应。

1.6　对国际货币体系的政策影响

到目前为止，笔者已经在本章中阐明，不同国家的中央银行利率决策与资产负债表决策之间存在重要的国际连接。对于这两种政策工具而言，汇率都是导致偏离过去行之有效的政策策略的一个因素。

笔者还阐明，资产负债表操作对汇率产生的明显影响，既适用于没有明确干预汇率市场的大型发达经济体，也适用于别无选择而只能采取行动以防止本国汇率出现意外变化的小型开放经济体。汇率影响很可能是某些中央银行采取资产负债表行动的一个因素，也是近年来由各国努力抵制其他经济体影响汇率的行动所导致的传染的原因。在这种意义上，正如艾伦·梅尔泽（Allan Meltzer, 2016, 第 493 页）所论证的那样，这些行为存在"竞争性贬值"，无论是否有意如此。

由此产生的汇率变动是全球经济不稳定的根源，因为它们影响货物和资本的流动并干扰其有效分配。它们也是政治动荡的根源，多方都对货币操纵表示担忧。此外，由于各国利用资产负债表操作来抵消对本币的影响，因此资产负债表扩张，最终在全球范围内成倍增长，这引起了人们对缩减这些资产负债表所带来影响的担忧。正如美国财政部长亨利·摩根索（Henry Morgenthau, 1944, 第 2 页）早就说过的那样，"消除经济弊端——竞争性的货币贬值和贸易的破坏性障碍"有许多理由。

这些货币政策导致很难确定汇率是否更加波动。但是，使用本章介绍的估计模型进行的反事实模拟表明，如果近年来未采用这种方式使用资产负债表操作，则汇率的波动将大幅降低。

也有确凿的证据表明，近年来随着货币政策的变化，汇率的波动性和资本流动的波动性有所增加。例如，由美联储定义的美元对主要货币的美元指数，12 个月的百分比变化的标准差有所上升：从 1988 年 1 月《广场协议》结束至 2002 年 6 月，大约是 Taylor（2016b）所讨论的偏离基于规则的政策的日期，该指数百分比变化的标准差为 5.7%，然后，从 2002 年 6 月到 2017 年 9 月提高到 8.3%。范围也从 −12 至 12 增加到 −15 至 20。

根据 Rey（2013），Carstens（2015），Coeuré（2017）以及 Ghosh、Ostry 和 Qureshi（2017），汇率波动性、资本波动性或两者最近都在增加。Rey（2013）发现，部分受货币政策驱动的全球金融周期影响了国际金融体系中的信贷流动。Carstens（2015）指出，近年来流入新兴市场的资本波动性显著增加。可以肯定的是，对于这种波动性还有其他解释，这表明需要进行更多的研究。Ghosh 等（2017）认为，由于国际外部性和市场不完善，波动性增加了。然而，这里和其他近期研究提供的证据表明，货币政策已成为问题的一部分。

1.6.1 无竞争性贬值的基于规则的国际货币体系

此分析的主要政策启示是，应该进行一项改革，使决策的制度性程序更有利于基于规则的国际货币体系，而又不存在竞争性贬值的威胁。因此，基于规则的国际货币体系将使国际经济更加稳定。

但是如何建成这样的国际货币体系呢？应该有国际协议吗？如艾伦·梅尔泽（Allan Meltzer, 2016, 第494页）所说，美联储是否应"率先试图恢复不再竞争性贬值的协议"？美国于1944年签订《国际货币基金组织协定》，就将此类协议嵌入其中。

一种切实可行的方法是让每个中央银行描述并遵守货币政策规则或制定政策工具的策略（Taylor, 2015、2016b）。基于规则的承诺将消除近年来中央银行相互跟随的一些原因。因为每个中央银行都知道其他中央银行在做什么，所以它们无须猜测彼此的行为并尝试进行临时调整。例如，如果美联储出于某种明显的战略原因降低利率，其他中央银行可以根据自己的战略适当调整其利率，而不会偏离自身战略。通过公开透明地报告其货币政策策略，中央银行将自动创建一个至少根据经济历史和经济模型运行良好的全球体系。

每个经济体的策略都可以包括特定通胀目标、以某些特定方式作出反应的关键变量列表以及估算均衡利率，例如使用图1.1中国际清算银行采用的方法。这一过程不会影响其他经济体的货币战略。这将是一个灵活的汇率体系，像欧元区这样的货币区和中央银行当然可以成为其中的一部分。

这样的体系不会对中央银行的国内或国际独立性构成威胁。每个中央银行都将制定并描述其战略。除了公布策略，参与该过程的中央银行在其他中央银行的策略中没有发言权。如果世界改变了，或者发生了紧急情况，这些策略可能会改变或偏离。用于描述更改及其原因的议定程序将很有用。正如 Carstens（2016）所建议的那样，只要中央银行进行了透明的描述，某些中央银行就有可能将外国利率纳入其作出反应的变量列表。但是，当它们看到其他中央银行不这样做时，它们会意识到放大效应，因此可能会做得更少。该协议完全是全球性的，而不是适用于一小部分国家。与产生布雷顿森林体系的过程一样，它可以从一个小组非正式地开始，然后散布开来。

已有许多人呼吁对国际货币体系进行改革，反映出大家对不稳定、国际政策外溢、资本流动不稳定和经济表现不佳的担忧。因此，现在正是进行改革的合适时机。国际清算银行一直在研究这些问题，国际清算银行原总经理 Jaime Caruana 促进了改革。保罗·沃尔克（Paul Volcker, 2014）指出：“没有官方干预、基于规则、合作管理的货币体系并没有取得很大成功。”拉古·拉詹（Raghu Rajan, 2016，第 3 页）补充说：“我们需要的是货币规则，以防止央行的国内授权超过一个国家的国际责任。"马里奥·德拉吉（Mario Draghi, 2016）认为："我们将明显受益于……改善我们反应函数的沟通。"

基于规则的国际做法具有吸引力，因为每个经济体都可以选择自己的独立策略，同时为全球稳定作出贡献。Karl Brunner 和 Allan Meltzer（1993，第232页）在其综合性论文中强调了基于各国货币政策规则的国际体系的这些优势。他们写道："一个兼容货币政策的国际规则将创造公共产品……将没有国际协议，也没有理由强加协调组织的成本。每个国家都会选择自己的路线。"

全球主要的中央银行现在有明确的通胀目标，许多决策者使用描述政策工具策略的政策规则。因此，关于政策目标和实现这些目标的策略的明确声明是可行的。就需要某种形式的国际改革达成广泛共识将有助于推动其实施。无论如何，美联储明确承诺朝这个基于规则的方向前进将是有帮助的。美国的立法也将要求美联储报告其基于规则的战略，例如在美国国会一直在审议的策略。

达成协议的最大障碍是对问题和解决方案的看法不一致。有些人不相信基于规则的货币政策的重要性。其他人可能会怀疑这是否能解决汇率波动和资本流动的问题。一些人认为，近年来的竞争性贬值只是世界货币宽松政策的必要过程的一部分。

1.6.2 纳什均衡近似为国际合作均衡

诸如 Taylor（1985）的早期研究有助于解决此类问题。此类研究的结果表明，中央银行共同优化其政策几乎不会带来任何额外收益。换句话说，纳什均衡（Nash equilibrium）几乎是最优的，或者几乎是国际合作均衡。在纳什均衡下，给定其他国家的战略，每个国家选择自己最优的货币战略。此外，在实践中，偏离现有策略的尝试可能会导致意想不到的次优行为，例如根据1985—1986年日本、德国、法国、英国和美国之间达成的《广场协议》（Plaza Accord），日本同意提高利率以帮助降低美元价值。

在本研究使用的模型中，实际汇率影响产出，资本具有流动性，存在刚性（包括价格和工资具有黏性），并且跨国联系将外国进口商品的价格与国内价格联系起来。中央银行行长面临着价格稳定与产出稳定之间的宏观经济权衡，他们的任务是寻找一种政策战略，在该战略中，他们调整货币政策工具以达到该权衡的最佳点。该战略必须能够应对冲击，而不能在国内或国际上制造自身的冲击。

权衡就像一个前沿边界。货币政策不能使经济脱离前沿边界。但是，次优的货币政策（对政策偏离、错误变量等作出反应）会使经济在权衡取舍上处于劣势。沿着前沿边界，只有对应于不同数值的反应系数的产出可变性较大，才能实现较低的价格可变性。这种权衡的存在是很普遍的，许多货币政策研究都使用这种建模框架，可以追溯到19世纪70年代并一直延续到今天。

多国模型表明，中央银行选择政策策略对其他国家的产出和价格稳定之间的权衡影响很小。因此，如果所有经济体都遵循国内最佳的政策规则，那么与其他经济体协调其政策规则的选择就没有什么收获。相反的情况，即一个或多个经济体的货币政策偏离政策规则在理论上不太明确，因为它需要定义偏离的性质。

但是，可以使用权衡概念来说明这种偏离最佳政策规则的方式如何导致国际体系崩溃：假设一个经济体偏离其政策规则，朝着效率低下的政策方向发展。对其他经济体的影响有两种。第一，其他国家的权衡向不利的方向转变，这可能是因为资本流动、汇率、商品价格和出口需求更加不稳定。第二，一国货币政策效率较低，引发另一国货币政策效率变低。例如，如果一个经济体的政策变化带来了一个非常宽松、非常低的利率政策，那么其他经济体的决策者（担心汇率升值）可能将利率设置得非常低而偏离其政策规则。

1.6.3 全球正常化

这项改革的前提是全球国际货币体系正常化。要使资产负债表回到储备金水平接近危机前观察到的正常水平，需要美联储和其他大型中央银行逐渐减少其证券持有量。如果它们等了很长时间才能使货币增长实现正常化，那么过渡期将很长，以至于目前的储备金余额水平可能会持续下去。

可预测的和战略性的正常化是至关重要的，这可以避免引起市场动荡（Taylor，2008）。该教训是从 2013 年 5 月所谓的"缩减恐慌"（taper tantrum）中学到的，当时美联储主席本·伯南克在美国国会联合经济委员会听证会上表示，在"接下来的几次会议"中，购买证券的规模可能会减少，结果市场动荡持续了一段时间。一旦提前宣布了缩减策略，从而变得更加可预测，市场就很容易消化它。

美联储在其《政策正常化原则和计划》（Policy Normalization Principles and Plans，2014 年 9 月，第 1 页）中的声明，表明美联储公开市场委员会（FOMC）"打算以逐步和可预测的方式减少美联储的证券持有量"，这与此方法一致。2017 年发布的"政策正常化原则和计划附录"继续详述其做法。FOMC 表示，它打算通过减少证券到期本金的再投资，逐步减少美联储的证券持有量。

1. 6. 4 重建利率与储备金余额之间的联系

关于储备金余额和资产负债表的最终规模的配套建议也将有所帮助。诚然，以可预测的战略方式对资产负债表进行正常化很重要，但对正常情况的理解也很重要。笔者认为，在正常化时期之后或完成此过渡之后，政策利率应再次由市场力量决定。换句话说，重新建立本书定义的利率政策和资产负债表政策之间的连接将很有用。

虽然有人可能会争辩说，资产负债表的缩减步伐可以更快一些，但重要的是，美联储的声明在说储备金余额的供应将以设定的数量下降；这降低了不确定性并减少了市场扰乱的机会。但是，对于美联储和其他中央银行的资产负债表目标的最终规模仍然存在很大的不确定性。正如 FOMC 在 2017 年附录（第 1 页）中所述，"委员会目前预计，随着时间的流逝，储备金余额的数量将减少至明显低于近年来的水平，但高于国际金融危机之前的水平；该水平将反映银行体系对储备金余额的需求，以及委员会在未来如何最有效果和最有效率地执行货币政策的决策。委员会希望在资产负债表正常化过程中进一步了解储备金的潜在需求"。

　　由于不确定性范围仍然很大，各国中央银行可能更具体关注资产负债表的最终规模和配置。它们可以说，它们的目标是建立最终的资产负债表和相应水平的储备金余额，其中利率由储备金的需求和供给而不是由可管理的储备金利率决定，换句话说，利率由市场决定。从概念上讲，这意味着美联储和许多其他中央银行将按照危机爆发前几十年的框架运作；根据当时在纽约联储公开市场交易台工作的经验，例如彼得·费舍尔（Peter Fisher）负责的交易台工作，它可以在没有过度波动的情况下良好运作［请参阅 Taylor（2018）年引用的费舍尔的观点］。最有可能的是，储备金余额水平将高于2006 年，并取决于流动性监管，但由市场决定利率的关键观点才是重要的。

　　Taylor（2018）基于这种框架的实际案例，借鉴了笔者在国际金融危机之前对联邦基金市场的经验和研究以及市场模型（Taylor，2001）。如果我们回到那个框架，就不需要多余的储备金了。如果中央银行想改变短期利率，它将调整储备金的供给。设置储备金的额度，以使储备金的供求确定利率。利率将由市场决定。在该框架内，如果中央银行需要，它可以提供流动性支持。关键概念是，储备金市场以及更广泛的货币市场中的经济力量将决定利率。

相反，在储备金供给高于需求的体系中，利率是通过超额储备金的利息来管理的。通过帮助某些部门而非其他部门，中央银行增加了将其资产负债表的规模和构成用于货币政策以外的其他目的（包括信贷分配甚至产业政策）的机会。在美国大规模资产负债表运营的初期，笔者用货币产业（mondustrial）一词来指代货币政策和产业政策的混合体。实际上，自国际金融危机以来的几年中，美联储购买了抵押支持证券，欧洲中央银行购买了公司债券，日本银行购买了私募股权。因此，中央银行可以演变成一个多职能的机构，这可能导致人们对它的独立性提出质疑。

1.7　货币政策协调

在结束本章时，重要的是要指出，这里提出的一般性问题已经被许多代的经济学家和中央银行家讨论过。尽管随着技术的发展和市场的全球化，技术问题和治理挑战也在不断变化，但有关货币政策规则与相机抉择的辩论却有着重要的相似之处，并且有历史教训。

的确，最近有关国际货币体系中问题的讨论类似于70年前发生的有关汇率和资本流动的讨论及辩论，就像

"众所周知的弗里德曼（Friedman，1953）质疑 Nurkse（1944）中的资本流动原罪的普遍性和准确性"——引用 Eichengreen（2004，第 307 页）在其历史回顾中的话。Friedman（1953）认为货币政策因素是汇率和资本流动波动的原因，而 Nurkse（1944）则认为破坏稳定的投机活动是原因。

对于弗里德曼来说，答案是一个开放的国际货币体系，其中包含货币政策规则和浮动汇率。这种制度既能减少资本流动的波动性，又能使汇率稳定。对于 Nurkse 而言，答案是限制汇率波动和控制资本流动。

在最近的历史回顾中，Dellas 和 Tavlas（2017）强调弗里德曼主张采用灵活汇率的论点包括该制度必须伴有国内货币规则。与固定汇率和相机抉择货币政策相比，这种结合将导致"优越的经济绩效"。他们还写道（Dellas 和 Tavlas，2017，第 2 页），"基于规则的国际货币体系的最新建议——基于每个国家的灵活汇率和泰勒规则——在很大程度上符合这种精神，代表了弗里德曼观点的现代再现。根据弗里德曼和泰勒的提议，与其说是进行国家之间的政策外部协调（policy coordination），不如说是*政策内在协调*（policy harmonization）"。

卡尔·布鲁纳经常就这些问题发表看法，总是倾向于在国内和国际上强调货币因素的重要性、开放资本市场的重要性、灵活汇率的重要性以及政策规则的重要性。
1980 年，他将笔者在这里讨论过的各种观点从更广泛的
制度角度提出。他写道："我们既不会完全无知，也无法
获得全部知识。我们的生活在部分知识和部分无知的灰
色地带移动。更具体地说，从我们的专业工作中涌现出的
产品揭示出对细节性经济响应结构的广泛不确定性。……
在这种情况下，出现了一种非激进的（基于规则的）机
制……作为最安全的策略。它不能保证我们避免经济波
动，但可以向我们保证，货币政策制定不会带来其他不
确定性。"（参见 Brunner，1980，Dorn，2018 所引用）。

下一章将讨论本书提出的有关基于规则的货币体系
的问题。

1.8　附录：策略变量的数据定义和来源

本附录定义了第 1 章中使用的政策变量，包括美联
储、欧洲中央银行、日本银行和瑞士国家银行政策利率
和资产负债表的储备金余额。

储备金余额

美联储（Federal Reserve System）
单位为百万美元，每月，未作季节性调整

R_U = 美联储银行维护的储备金总额

https：//fred. stlouisfed. org/series/RESBALN

日本银行（Bank of Japan，BOJ）

R_J = BOJ 经常账户余额/全部（c）（F + G）/月底末付金额

单位为亿日元

日本银行数据库中的名称是 MD08′MACAB2201［BOJ 经常账户余额/全部（c）（F + G）/月底末付金额（将此名称拖入并按确切的系列代码搜寻）］

http：//www. stat – search. boj. or. jp/index _ en. html（2017 年 8 月 10 日检索）

欧洲中央银行（European Central Bank，ECB）

单位为百万欧元，每月

R_E = 经常账户 + 存款便利

http：//sdw. ecb. europa. eu/browseSelection. do? SERIES _ KEY = 123. ILM. M. U2. C. L02010. U2. EUR&SERIES _ KEY = 123. ILM. M. U2. C. L020200. U2. EUR&node = bbn27&trans = N

对于图 1. 7，通过添加每周 *CA* 和 *DF* 的序列来创建 R_E 的每周数据，这不受本文描述的测量问题的影响。每周数据来自欧洲中央银行网站：

每周 CA：

http：//sdw. ecb. europa. eu/quickview. do？SERIES _ KEY = 123. ILM. M. U2. C. L020100. U2. EUR

每周 DF：

http：//sdw. ecb. europa. eu/quickview. do？SERIES _ KEY = 123. ILM. M. U2. C. L020200. U2. EUR

瑞士国家银行（Swiss National Bank，SNB）

储备金余额（R_S）

单位为百万瑞士法郎，每月（括号中显示的是2017年2月的值）

$R_S = SDD + SDF + OSL$（547146. 4）

SDD = 国内银行的即期存款（472945. 2）

SDF = 外国银行和机构的即期存款（42013. 4）

OSL = 其他即期负债（32187. 9）

https：//data. snb. ch/en/topics/snb#！/cube/snbbipo

政策利率

美联储

有效联邦基金利率，每月平均

资料来源：圣路易斯联邦储备银行，FRED

https：//fred. stlouisfed. org/series/FEDFUNDS

日本银行

无抵押的隔夜平均利率，每月

资料来源：日本银行主要时间序列统计数据

https：//www. stat － search. boj. or. jp/ssi/mtshtml/ fm02 _ m _ 1 _ en. html

欧洲中央银行

DF 利率，每月

资料来源：欧洲中央银行的金融市场数据

https：//sdw. ecb. europa. eu/quickview. do？SERIES _ KEY = 143. FM. B. U2. EUR. 4F. KR. DFR. LEV

瑞士国家银行

瑞士隔夜平均利率（Swiss Average Rate Overnight，SARON）

资料来源：SNB，货币市场利率

https：//data. snb. ch/en/topics/ziredev#! /cube/zimoma

汇率

六个双边汇率系列如下：

X_{JU}，每 1 美元兑日元

X_{JE}，每 1 欧元兑日元

X_{UE}，每 1 欧元兑美元

X_{SU}，每 1 美元兑瑞士法郎

X_{SE}，每 1 欧元兑瑞士法郎

X_{SJ}，每 1 日元兑瑞士法郎

资料来源：https：//fred. stlouisfed. org/

2 关于基于规则的
货币政策的深层问题

上一章提出的国际货币改革的核心是中央银行基于规则的体系。货币政策规则的思想在经济学中已经存在很长时间了，但直到近几年相应的研究和实际政策的应用才呈爆炸式增长。本章回顾了关于货币政策中的规则与相机抉择（discretion）的争论情况，重点是经济研究在这场争论中的作用。它表明，政策规则的提议并非一帆风顺，而是很大程度上基于使用经济模型的实证研究结果。通常，这些模型是国际性的，涉及两个或多个经济体。

这些模型证明了货币政策的系统化方法的优势，尽管随着时间的推移，拟议的规则已经发生了变化并且总体上得到了改进。研究得出的规则可以帮助中央银行在国内金融市场和国际货币体系中运作时制定货币政策。但是，在实践中很难设立规则与相机抉择之间的分界线，因而很难将两种方法进行对比。历史表明，政策规则的研究对许多经济体的中央银行业务产生了显著影响。经济研究还表明，尽管中央银行的独立性对于良好的货币政策制定至关重要，但这还不足以防止偏离基于规则的政策，这意味着政策制定者可能会考虑加强关于货币政策如何使用规则的报告。本章还探讨了这样一个事实，在过去的一年半中，在美国实施货币政策时，人们重新关注了政策规则，这一点可能会传播到国际货币体系中的其他国家。

笔者用问答形式将本章分为几节。这些问题涉及：（1）建议的政策规则会随时间而变化；（2）束缚中央银行行长之手的观点；（3）区分相机抉择的难度；（4）政策规则研究对中央银行业务实践的影响；（5）最近提出的有关货币策略的立法的目的。

2.1 随着时间的推移，货币政策的各种规则发生了怎样的变化？

在解决这个问题时，首先要注意的是，经济学家从一开始就一直在建议货币政策规则。亚当·斯密（Adam Smith，1776）在《国富论》（*The Wealth of Nations*）（第335页）中指出，"良好监管的纸币"可以改善经济增长和稳定，而这与纯商品标准相反，正如 Asso 和 Leeson（2012）所讨论的那样。Henry Thornton 在 1802 年写道，中央银行应负责价格水平的稳定，并应明确其机制，正如 Robert Hetzel（1987，第 15 页）所说，"这不是一个持续的相机抉择"。大卫·李嘉图（David Ricardo，1824，第 10 – 11 页）在他的《建立国家银行计划》（*Plan for the Establishment of a National Bank*）中写道，政府部长"不能安全地被委以发行纸币的权力"，并提出了以规则为指导的中央银行的构想。在 20 世纪初，努特·维克塞尔（Knut Wicksell，1907）和欧文·费雪（Irving Fisher，1920）提出了关于利率或货币供应量的政策规则，以避免导致通货膨胀或经济萧条的货币干预。亨利·赛门斯（Henry Simons，1936）和米尔顿·弗里德曼（Milton Friedman，1948）沿袭了这一传统，认识到货币政策规则（例如货币供应量的恒定增长率规则）与相机抉择相比可避免此类错误。

这些改革者的目标是建立一个货币体系，以防止货币冲击并使经济免受其他冲击的影响，从而降低通货膨胀、金融危机和经济衰退的风险。他们的观点是，几乎没有相机抉择的简单的货币规则，可以避免政府赤字、商品发现或政府失误所导致的货币过剩。正如 Taylor 和 Williams（2011）所解释的，选择通常比规则与相机抉择的现代区分更为广泛；它是"规则与混乱的货币政策"的选择，无论混乱是由决策者的相机抉择，还是仅仅由金矿发现或短缺之类的外部冲击造成。

随着时间的流逝，对货币政策规则的经济学研究已经大为扩展，规则的设计也得到了改进。尽管国际因素一直是设计政策规则的主要考虑因素，但随着经济全球化程度的提高，这些模型已变得更加国际化，小型开放的新兴市场经济体所关注的内容也日益引起注意。为了理解政策规则的建议是如何发生变化的，有必要考察用于设计规则的计量经济学模型的变化。此外，对政策评估方法和研究的发展进行的简要历史回顾也提供了重要的见解。

回想一下，第一个宏观经济模型是由简·丁伯根（Jan Tinbergen, 1959）于 1936 年建立的，旨在回答涉及关键国际货币问题的货币政策问题，即小型开放经济体的货币贬值是否会刺激经济。货币是荷兰盾，国家是荷兰，模型是荷兰经济模型。该模型具有 32 个随机方程，并基于约翰·梅纳德·凯恩斯（John Maynard Keynes）的思想。为了回答这个问题，丁伯根模拟了模型，并研究了政策工具（汇率）的变化如何影响目标变量（就业和产出）。在论文发表传播后不久，荷兰盾贬值了约20%（1936 年 9 月），这表明计量经济学模型影响了这一决策。

丁伯根基于模型对工具和目标进行的模拟使经济学家和统计学家进入了新的研究领域：建立、估计和模拟政策模型。共同框架涉及计算政策工具的替代路径对目标变量的影响，这激发了考尔斯委员会和基金会（Cowles Commission and Foundation）在 20 世纪 40 年代和 50 年代对结构模型的研究。劳伦斯·克莱因（Lawrence Klein）在 50 年代通过建立更复杂的模型进一步加深了研究。

经过相当长时间的停滞之后，中央银行的研究人员开始采用这些模型和方法进行政策评估，有时是与学者合作。在 20 世纪 60 年代，美联储（Fed）使用了拥有 75 个随机方程的 MIT – PENN – SSRC（MPS）模型。de Leeuw 和 Gramlich（1968）以及 Ando 和 Rasche（1971）的论文提到了这个情况，而在诸多其他中央银行，情况也是如此。例如，在 20 世纪 60 年代，如 Helliwell、Officer、Shapiro 和 Stewart（1969）所述，加拿大银行开发了 RDX1 模型（之后是 RDX2 和 RDXF 模型）。

几年之后（大约在这 80 年历史中的一半），情况发生了重大的范式转变。关于应该如何使用模型评估货币政策的观点发生了改变。这是从路径空间（path –

space）的政策评估到规则空间（rule - space）的政策评估的转变。在路径空间中，人们使用计量经济学模型来估计政策工具路径的一次性变化对目标变量的影响。在规则空间中，人们可以估计政策规则工具对目标变量的动态随机性的影响。笔者回顾了这一转变，并在与荷兰国家银行（2016 年 9 月 29 日）、加拿大银行（2016 年 11 月 17 日）和韩国银行（2017 年 5 月 10 日）的会谈中使用了此术语。

这一转变有许多先例。一种认识是，米尔顿·弗里德曼关于可预测性和可说明性的论点适用于稳定的反馈规则以及恒定的货币增长率规则。此外，还有一种发现是，在新的动态或随机经济模型中评估政策的自然方法是模拟政策规则。工程师就是通过这种方式设计伺服机制来稳定动态随机系统的。A. W. Phillips（1954）关于比例、微分和积分控制的早期工作就是一个例子。导致使用规则进行分析的另一个因素是，它们简化了诸如联合估计和控制之类的难题，如 Anderson 和 Taylor（1976）所示。另外，新的理性期望模型引起了卢卡斯（Lucas，1976）以及基德兰德和普雷斯科特（Kydland 和 Prescott，1977）对传统路径空间方法的严重批评。此外，将黏性工资和价格动态纳入这些前瞻性模型意味着，货币政策制定者所面临的许多问题可以通过货币政策规则来解决，不必通过政策工具的一次性改变来解决。

中央银行所需的较大且经常是国际理性预期模型的艰巨计算任务造成了应用的重大障碍，但算法和计算机很快得到改进，转变最终发生。20 世纪 80 年代末和 90 年代初的布鲁金斯模型比较计划（Brookings Model Comparison Program）在这一转变中起到了作用。在 Bryant、Hooper 和 Mann（1993）中，笔者注意到了这一变化。他们说："布鲁金斯学会以前的模型比较考察了货币和财政政策工具一次性变化（即政策乘数）对经济的影响。这里的比较强调了经济对货币政策制度的反应，货币政策制度是简化的政策规则。"（第 426 页）因此，在 20 世纪 90 年代初期，美联储的 MPS 模型被 FRB/US 模型取代。在 FRB/US 模型中，Brayton 和 Tinsley（1996）认为，"对私营部门的期望是明确的，这些期望，尤其是市场对政策的看法，构成货币政策的主要传播渠道"。Brayton、Levin、Tryon 和 Williams（1997）提供了关于这一发展的好的历史资料。

其他中央银行，包括较小型开放经济体的中央银行，也在进行同样的转变。20 世纪 90 年代初期，加拿大银行用季度预测模型（Quarterly Projection Model, QPM）代替了 RDXF 模型。Poloz、Rose 和 Tetlow

（1994，第26页）在对新模型的阐述中强调了解决具有理性或"模型一致性"期望的模型的计算挑战，并指出他们依赖一种迭代方法来"解决由 R. Fair 和 J. Taylor（1983）开发的前瞻模型问题"。Coletti、Hunt、Rose 和 Tetlow（1996）指出："[QPM] 动态结构的两个重要特征是前瞻性期望和内生政策规则。"（第26页）这种建模框架一直持续到20世纪90年代，直到21世纪初加拿大银行具有理性预期和黏性价格的新动态模型，也称为贸易条件经济模型（Terms－of－Trade Economic Model，ToTEM）代替了 QPM。计算速度和求解算法也得到了极大提高（Maliar、Maliar、Taylor 和 Tsener，2015）。

Volker Wieland 的宏观模型数据库（Macro Model Database，MMB）通过纳入其他中央银行的模型并跟踪一段时期内的发展情况，为货币政策研究的这种变化提供了更广阔的视野。Wieland、Afanasyeva、Kuete 和 Yoo（2016）将模型分为第一代、第二代和第三代新凯恩斯主义模型。尽管这些模型的结构不同，但正如 Taylor 和 Wieland（2012）所显示的那样，它们在暗示货币政策规则对经济的影响方面达成了令人惊讶的共识。

与早期的研究一样，主要的政策目标是找到能够使经济免受冲击并不会造成自身冲击的货币政策规则。但是模型变得越来越复杂，因此政策规则也变得越来越复杂，这使人们对整个规则空间框架的实际适用性产生了严重的怀疑。然后，问题就变成了是否可以找到符合经济模型的简单实用规则。答案是"是"，这导致货币政策规则的类型发生了巨大变化。

事实证明，政策利率对实际国内生产总值（GDP）和通货膨胀作出反应的规则在这些模型中运作良好。研究表明，利率对通货膨胀的反应应当大于 1，利率对GDP 缺口的反应应当大于 0，利率对其他变量的反应应当较小。对于泰勒（Taylor，1993a）规则，通货膨胀目标是 2%（考虑到通货膨胀测量偏离和利率的零下限），实际均衡利率是 2%，名义均衡利率是 4%。尽管有些人认为，他们估计现在的均衡利率更低，因此通胀目标应该提高到 2% 以上，但该规则并不是曲线拟合的结果，在曲线拟合过程中，各种政策工具都针对其他变量进行了回归。这个简单规则是由规则空间的第一代策略模型运行得出的。

迄今为止，人们说这样的规则太简单了，因为它们忽略了某些变量。的确，它们很简单，因为它们被设计得很简单。当时，人们提出了各种复杂的规则，其中包括许多类型的变量，如资产价格。这些规则太复杂而无法在实践中使用。可以简化它们实在是太神奇了。在许多模型中，除去某些变量的规则在性能上与更复杂的规则一样好。在诸多模型中，简单规则比最优规则更稳健，对于决策者来说，它们肯定更为实用。

Levin 和 Williams（2003）以及 Orphanides 和 Williams（2008）发现，在某些模型中，更复杂、完全最优的策略效果并不佳，而简单规则在各种模型中的效果都很好。最优策略可能针对特定模型极度灵敏。如果该模型正确，那很好，但是如果它不正确，那就不是很好。简单的货币政策规则纳入了一些基本原则，例如逆向干预通货膨胀和产出。因为它们没有针对特定假设进行微调，所以它们更加稳健。

提出的新规则引入了其他方向，有助于加强其使用。经济学家了解到，政策规则帮助他们解释不寻常的现象，例如意外通胀与汇率变动之间的正相关关系（Engel 和 West，2006）。对政策规则的兴趣也超出了学术界和中央银行的范围：如 Lipsky（2012）所述，华尔街经济学家发现它们是预测中央银行行动的有用的经验法则。而且，政策规则影响了模型中的其他方程，因为有了它们，可以合理地假设，当货币政策变得更加可预测时，经济主体会形成自己的经验法则。正如麦卡勒姆（McCallum，1999）所强调的那样，它使经济学家能够以严格的方式考虑政策的稳健性，而今天，这一观点一直延续到 Wieland 等（2016）的评论。

规则空间方法已在国际上广泛应用（Taylor，1993b）。如第 1 章前面所述，国际模型的研究证明了纳什均衡的规则空间具有近乎全局最优性，在这种最优性中，每个中央银行都遵循其所在经济体的最优政策，并假设其他中央银行也会这样做。因此，研究表明，基于规则的货币政策将为国民经济和全球经济带来良好的宏观经济绩效。这反过来导致根据每个所在经济体的政策规则设计基于规则的国际货币体系建议的提出（Taylor，2016b）。

简单规则在实践中似乎运作良好，这一事实也有助于增强对所建议规则的信心。20 世纪 80 年代和 90 年代，许多经济体的中央银行似乎正朝着更加透明的基于规则的政策迈进，包括通过注重价格稳定和改善经济绩效。Taylor（1998b）以及 Clarida、Gali 和 Gertler（2000）发现了基于规则的政策与绩效之间的这种联系。与 20 世纪 70 年代相比，当时的政策有了很大的进步，20 世纪 70 年代的政策是高度相机抉择，并且模型在路径空间模式下使用。Mervyn King（2003）称其为非通货膨胀持续扩张（Noninflationary Consistently Expansionary，NICE）时期，而且在大多数发达经济体间存在近乎国际的合作均衡（near – internationally cooperative equilibrium，另一个 NICE），因此对溢出的抱怨很少。到 2000

年，许多新兴市场经济体通常通过通货膨胀目标制采用基于规则的政策方法。它们提高了绩效，最终有助于全球稳定。

不幸的是，它并没有延续下来。"大缓和"结束了，国际金融危机来了。人们一直在争论为什么更好的绩效会因此而终止，这导致了进一步的争论，并提出了政策规则的其他变化。笔者认为美联储放弃了一直行之有效的政策规则。这次背离始于危机之前，当时利率被设定得太低且持续时间太长。Kahn（2010）和 Ahrend（2010）提供了货币政策偏离规则政策的证据。Kohn（2012）提出质疑，并使用简单的政策规则作出判断。Lane（2016）在国际货币基金组织（IMF）的《工作人员报告（2015）》中援引了一些国家的"宏观经济缺口"和"财政缺口"（Lane，2016，图1，第5页）的证据，认为利率不应那么低。

正如第 1 章所讨论的那样，Hofmann 和 Bogdanova（2012）表明，政策规则存在"全球大偏离"，而这种偏离成为全球性的原因之一是中央银行相互跟随。在许多国家，中央银行的估计反应函数对于其他国家的外国政策利率或对基于规则的政策的偏离具有显著的系数（Gray，2013；Carstens，2015；Edwards，2017）。

虽然存在因果关系与相关性的问题，但计量经济学和历史证据表明，这种政策偏离与绩效恶化之间存在着紧密的时间联系。在全球大偏离之后，NICE 在两种意义上都结束了。Nikolsko – Rzhevskyy、Papell 和 Prodan（2014）为美国提供了计量经济学依据，而 Teryoshin（2017）为包括美国在内的 9 个经济体提供了计量经济学依据。艾伦·梅尔泽（Allan Meltzer，2012）提供了历史证据，表明政策变化导致了绩效变化。人们还担心国际溢出效应，新兴市场经济体受到汇率和资本流动波动性上升的影响。

例如，中央银行家金（King，2012）和卡尼（Carney，2013）表达的另一种观点是，经济绩效不佳的发生不是由于偏离有效的政策规则，而是由于其他因素。他们用泰勒边界或泰勒曲线（Taylor，1979b）来说明这个观点，就像伯南克（Bernanke，2004）说明政策变化对经济结构变化的影响所做的那样。又如，Carney（2013）认为，近年来的业绩恶化是因为"金融不稳定的破坏性潜力—缺乏有效的宏观审慎政策—导致泰勒边界不利"（第 23 页）。图 2.1 显示了 Bernanke、Carney 和 King 所使用的泰勒曲线，直接取自 Carney（2013），尽管与 Bernanke（2004）和泰勒（1979）相比，Carney 和 King 翻转了坐标轴。

产出方差和通胀方差分别在横轴和纵轴上，代表价格和产出的稳定性目标。图2.1左下方显示的结果更好。卡尼—金(Carney – King)的观点认为,绩效从图2.1中的点A下降到点B,是因为泰勒曲线转变为他们所谓的明斯基—泰勒曲线(Minsky – Taylor curve),传达了海曼·明斯基(Hyman Minsky's)的观点,即当市场变得自满时,金融稳定会导致不稳定。笔者的观点是,从A到B的恶化是由于货币政策变化导致泰勒曲线偏离,而不是由于非货币因素导致曲线变化。这种观点表明,应回到描述"大缓和"时期政策决策的政策规则,如点A所示。Bernanke(2004)赞同笔者认为从B到A的较早转变是由于货币政策变化的观点,尽管他认为从A退回到B是由非货币政策因素造成的,类似于Carney和King的观点。

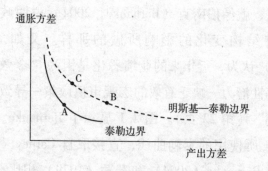

图2.1 Bernanke – Carney – King 使用泰勒曲线展示好与差的政策

[资料来源:Carney(2013),King(2012)]

无论如何，这种经验为政策规则的变化提供了更多建议。正如 Sumner（2014）所建议的那样，人们对名义 GDP 的目标有了很多新的兴趣。例如，Beckworth 和 Hendrickson（2015）研究了中央银行利率规则，只对名义 GDP 作出反应，而不是分别对通货膨胀率和 GDP 作出反应。他们强调，这种规则的优点在于中央银行不必估算潜在的 GDP，这反映了 Orphanides（2003）提出的担忧。

建议的规则随时间变化的另一种方式是重新考虑货币增长规则。Belongia 和 Ireland（2014）指出，货币供应量的 Divisia 指数对经济的影响超过了短期利率的影响。他们的研究表明中央银行应该考虑货币增长规则。Fagan、Lothian 和 McNelis（2013）给出了另一个例子，他们研究了基础货币的货币规则。在 20 世纪 70 年代初期的政策规则研究中，笔者首先提出了货币增长规则，但模型显示，利率规则至少在美国观察到的冲击范围内会更好。尽管如此，笔者认为利率规则必须置于一个范围内：在该范围之外，中央银行应依赖货币增长规则。在利率达到下限的情况下，笔者认为中央银行需要集中于一项政策规则，以保持货币供应量的增长率稳定。例如，在 Taylor（1996）中，笔者建议"在通货紧缩或恶性通货膨胀率过高的情况下，利率规则最应辅以货币供应规则"（第37页）。

另一个建议是在政策规则中使用变量的预测值，而不是实际值。如果不这样做，那么人们会说规则不具有前瞻性，因为它包含当前变量而不是这些变量的预测值。但是，泰勒规则（Taylor，1993a）旨在明确处理前瞻性主体，因此，它本身就是前瞻性的。请注意，当中央银行表示将可预测地遵循利率对当前通货膨胀率作出反应的策略时，也就是说下一期的利率将对下一期的通货膨胀率作出反应，这就是前瞻性的。此外，当前的通货膨胀和产出的水平是通货膨胀预测的关键因素，现有政策规则的系数也考虑到了这一点。如果用通货膨胀预测代替当前的通货膨胀，则系数很可能并不相同。这种方法提出了使用谁的预测以及如何评估规则的问题。包括中央银行预测在内的预测并不总是那么好。此外，右侧为通货膨胀和产出预测的规则往往不那么稳健。

近年来，政策规则的其他建议变化是由于在危机期间和之后达到的有效利率下限（Effective Lower Bound，ELB）。在最低点，标准货币政策规则应当截断以说明ELB。但是ELB对于货币政策规则的设计也有其他影响。Reifschneider和Williams（2000）发现，增加对产出缺口的响应有助于降低ELB的影响。但是，这可能会增加通货膨胀率和利率的可变性。

Reifschneider 和 Williams（2000）也建议了其他变化。一项建议是修改政策规则，以比在接近 ELB 时更激进地降低利率，例如，如果无约束的利率降至 1% 以下，将利率降至零。这增加了在 ELB 附近的货币刺激，可以抵消触及 ELB 时的约束效应。

还有一项建议是，在发生 ELB 事件后，将利率保持在较低水平。例如，在真实利率与 ELB 的负偏差的累积和绝对值等于 ELB 期间发生的值之前，利率一直保持为零。这些方法根据模型模拟的结果缓释了 ELB 的影响。此建议是一种前瞻性指引，更一般地说，这种有关未来利率变化的沟通是近年来货币政策规则中经常建议的变化。然而，前瞻性指引应与中央银行的政策规则或战略保持一致。如果它故意承诺未来的利率与战略不一致，那么它就是时间不一致的，这会导致不确定性和混乱。如果前瞻性指引与政策策略保持一致，那么这只是策略透明的问题。前瞻性指引的频繁变化也会给货币政策带来问题。

最近又有一项建议的政策规则变化是采用价格水平目标，而不是通货膨胀目标。Reifschneider 和 Williams（2000）发现，这种价格水平目标规则降低了 ELB 的成本。与第二项建议的政策规则一样，它承诺的货币刺激措施要比标准的针对通胀的政策规则更多。这种对未来更低利率的预期将推动经济发展，即使经济处于 ELB 水平也是如此。

值得注意的是，ELB 并不是 2003—2005 年偏离基于规则的政策的原因，因为即使零下限也没有约束力。[5]零下限在 2009 年似乎具有约束力，但那时，基于 Reifshneider 和 Williams（2000）研究的建议已经可用并且正在被广泛讨论。

政策规则的另一项建议变化是提高目标通货膨胀率，ELB 是其动机的一部分。如果目标通胀率足够高，则 ELB 对货币政策和宏观经济的限制将很少。过去，将通胀目标定为 2% 足以避免这些限制。这就是为什么 2% 接近当今许多中央银行的通胀目标，但是最近有人对此观点提出了质疑。

展望未来，技术的变化可能会影响政策规则的建议。先进的临近预报（Nowcasting）的出现降低了中央银行对当前季度了解不多的局限性。正如 Bordo 和 Levin（2017）所讨论的那样，数字货币的发展可能使中央银行在制定政策工具时具有更大范围的灵活性。

近年来，政策规则中最重要的建议变化可能是调整截距以适应均衡实际利率（r^*）的低估。例如，在泰勒规则中，均衡实际利率设置为 2%，这意味着在规则中目标通胀率为 2% 的情况下，均衡名义利率将为 4%。

但据联邦公开市场委员会成员称，目前的平均估计至少低了 1 个百分点。Laubach 和 Williams（2003、2016）为此提供了证据，Holston、Laubach 和 Williams（2016）在国际上对此效应进行了研究。Taylor 和 Weiland（2016）表明，估计存在很大的不确定性，而且中央银行设定的低利率使估计均衡实际利率变得更加困难。在任何情况下，除了这种不确定性之外，没有理由不将移动均衡利率纳入不同国家的政策规则，就像国际清算银行（BIS）在创建图 1.1 中所示政策规则时所做的一样。如果在政策规则的框架内而不是抽象的框架内进行有关均衡利率变化的影响的辩论，则更有成效。

2.2 我们可能想要束缚中央银行行长之手的理由是否已经演化？

几年前，笔者被要求列出货币政策采用基于规则的方法而不是采用相机抉择方法的原因，笔者在 Taylor（1998a）中给出了原因。McCallum（1999）以及 Taylor 和 Williams（2011）也表达了类似的观点。尽管笔者不会将这份清单描述为我们可能想要束缚中央银行家之手的原因，但它们仍然是中央银行希望选择以规则方式运行货币政策的原因：

2.2.1 防止时间不一致

时间不一致问题要求使用政策规则，以减少货币政策制定者在私营部门的人采取行动后改变政策的机会。

2.2.2 更清晰的解释

如果政策规则简单，则向公众或向公共政策专业的学生解释货币政策决策可以变得更加容易。很难解释在特定日期选择特定利率时，为什么不参考诸如政策规则所描述的方法或程序。政策规则的使用意味着受过良好教育的公众和更有效的民主。这也有助于消除货币政策的一些神秘色彩。

2.2.3 减少短期政治压力

与相机抉择政策相比，政策规则较少受到政治压力。如果货币政策似乎是临时性的而不是系统性的，那么政客们可能会争辩说，它们可能是临时性的，并且会干扰货币政策的决策。货币政策规则显示出在许多情况下必须怎样制定政策工具，因此每次情况变化时，都更少受到政治压力的影响。

2.2.4 减少不确定性

政策规则通过提供有关未来政策行动的指导来减少不确定性。金融分析师使用货币政策规则来帮助预测货币政策工具的实际变化，从而减少了金融市场的不确定性。

2.2.5 教授中央银行的艺术和科学

货币政策规则是指导新的中央银行家了解货币政策的艺术和科学的好方法。实际上，正是由于这个原因，新的中央银行家经常发现这种政策规则对于评估其决策更为有用。

2.2.6 加强问责制

货币政策工具设置的政策规则使决策者更加负责。由于货币政策具有长期而可变的滞后，因此仅通过观察通货膨胀很难确定政策制定者是否做得很好。现在的通货膨胀率取决于过去的决策，但是现在的政策工具设置（基础货币和短期名义利率）取决于现在的决策。

2.2.7 有用的历史基准

政策规则为历史比较提供了有用的基线。例如，如果过去某个时期的利率处于某个水平，当时的宏观经济条件与现在相似，那么该水平就是考虑采取当前政策行动的良好基准。

当然，规则也有技术上的原因，例如经济是一个动态随机演化实体，需要在规则空间中进行分析，如上一节所述。而且还有政治上的原因：正如法律规则，无例外适用的可预见政策可以维护个人自由。但是，七个清单与在实践中是否使用基于规则的体系这一问题最相关。

如果使用策略一词而不是政策规则，并且我们所指的是货币政策以外的任何其他政策，则许多原因将是相同的。这并不意味着，我们想要束缚中央银行家的双手，就像我们想要政策行之有效一样，在已制定明确战略的情况下，尤其是这样。乔治·舒尔茨（George Shultz，2014）解释了制定策略的重要性。他写道："根据我自己的经验，制定基于规则的货币政策非常重要。……至少正如我多年来在各个领域的政策决策中所观察到的那样，如果您有一项策略，那么您将会有所建树。如果您没有策略，那么总的来说您只是一个战术师，而且不会积少成多。"（第142页）

与此相关的一点是，有政策规则或策略并不意味着政策制定者无法做需要做的事情。任何合理的执法策都将要求执法人员采取行动。有时不采取行动就等于违反策略，例如，当机构承担超出规定限制的风险时，政府金融监管机构作出的避免采取行动的决定是无所作为，而且显然是糟糕的政策。政策制定者需要说明政策策略涉及一系列行动。

笔者认为，这些年来支持货币政策规则的原因并没有太多发展。但是，反对货币政策规则的原因已经发生演变，因此在评估中值得讨论。它们有时被描述为为什么我们不应该束缚中央银行家的双手。

在 2013 年的美国经济学会会议上，拉里·萨默斯（Larry Summers）和笔者就规则与相机抉择进行了辩论。笔录后来发表在《政策建模杂志》（*Journal of Policy Modeling*）[6] 上，笔者在此专门引用原文。Summers（2014，第 697 页）首先说："这不会令您感到惊讶，约翰·泰勒（John Taylor）和我有⋯⋯根本的哲学差异，我会这样比喻。我想到我的医生。我更喜欢哪一种：我的医生的建议能够始终如一地被预测，还是我的医生的建议会对我所处的医疗状况作出反应？我宁愿有一个医生，在大多数情况下，他不告诉我要吃一些东西，而是偶尔告诉我需要将一些东西摄入体内，以应对我遇到的特殊问题。相信我，那是一个（他的建议）不那么好预测的医生。"

因此,萨默斯主张依靠一个无所不知的专家,例如,一位医生不了解并且没有使用一套指南,但偶尔会以一种无法预测的方式说要摄取一些东西。笔者对现代医学实践的描述与萨默斯不同,强调医学和经济学一样在过去几年中取得了进步。正如 Atul Gawande(2007)所述,很多进步正是由于医生使用了规则或所谓的清单。当然,医生在执行清单时需要作出判断,但是如果他们开始超越清单或跳过步骤,患者通常会遭受痛苦。经验和实证研究都表明,无清单的药物充满了危险,就像无规则、无策略的货币政策一样。

最近的另一项发展似乎是不愿束缚决策者之手的论据。在最近的布鲁金斯会议上,本·伯南克(Ben Bernanke,2015)认为,美联储一直在遵循一项政策规则,包括在"太长时间的过低利率"期间。但是,伯南克心目中的规则从某种意义上来说并不是笔者在此讨论中所使用的或者其他许多人所使用的规则。

相反,它是一个概念,即有效的政策决策真正所需的一切只是目标,例如通胀目标或就业目标。在医学上,它是保持患者健康的目标。剩下的政策决策是您作为专家或是模型专家,认为需要使用工具来完成的一切工作。您无须阐明或描述政策工具的策略、决策规则或应急计划。如果希望将利率保持在低于基于规则策略时的水平（这一策略在"大缓和"时期非常有效），那么就像美联储在 2003—2005 年所做的那样，只要根据想达到的目标来证明利率合理就可以了。

Bernanke（2003）在纽约大学货币市场专家的演讲中指出，这种方法是"约束性相机抉择"的一种形式。这是一个吸引人的术语，在某种意义上可能会限制相机抉择，但它不会诱发或鼓励规则，因为您会对这些话信以为真。仅具有特定的数字目标或目标函数不是政策工具的规则，也不是策略；笔者认为，这最终都是战术。笔者认为，有证据表明，仅依靠约束性相机抉择无法实施货币政策。

政策规则概念的另一发展也与束缚中央银行家的双手有关。这就是斯文森（Svensson，1998）和伍德福德（Woodford，2012）提出的"通货膨胀预测目标"或简称"预测目标"的概念。确实，斯文森在 1998 年题为"通货膨胀预测目标：实施和监测通货膨胀目标"的论文中强调了想法的实用性，伍德福德在 2012 年题为"预测目标作为一种货币政策策略"的论文中强调这种替代方法是一种策略。"通货膨胀预测目标"或"通货膨胀目标"与工具的政策规则之间有着密切的联系。在 Taylor（2012a）中，笔者认为它们是同一问题的双重解决方案，就像一阶条件和决策规则为同一优化问题提供了双重和互补的答案一样。人们可以从两种方法中学习。

根据这种方法，中央银行选择其政策利率，以使其对不同变量的预测的线性组合沿着给定路径下降。Woodford（2012）提出，通货膨胀率 $\pi_{t+h,t}$ 相对于目标通货膨胀率 $\pi*$ 的提前 h 期预测与产出缺口 $x_{t+h,t}$ 的提前 h 期预测之间存在线性关系，在 h 范围内遵循路径 $(\pi_{t+h,t} - \pi*) + \varphi x_{t+h,t} = 0$，其中利率政策会影响这些变量。

虽然可以使用这种方法来计算利率路径，但它不需要为工具生成简单的政策规则。中央银行将负责工具设置的决策，这可能会引起紧张局势，并带有本讨论中提出的政策规则的某些原因。Qvigstad（2005）展示了如何使用图表和其他诊断检验来描述利率的预期路径。此外，他以挪威银行的政策决策为例，展示了如何将政策规则用作交叉核对，强调了针对工具政策规则的建议与预测目标之间的联系。

尽管本书侧重于货币政策规则，而非中央银行的其他活动，例如作为最后贷款人和金融监管者，但正如Taylor（2016a）进一步讨论的那样，值得一提的是，经济研究表明有理由限制中央银行的职责范围。在民主社会赋予一个政府机构独立性的同时，需要确保该机构具有明确有限的目标和强大的责任感。

当中央银行偏离有限目标机构而成为独立的多目标机构时，它们就会摆脱民主制度所需的制衡。这可能导致不适当的干预措施，而这些措施可能未得到立法程序或公众投票的批准。这还可能导致不良的经济绩效。研究表明，中央银行的独立性对于良好的货币政策和良好的宏观经济绩效是必要的，但这还不够。

2.3 基于规则政策和相机抉择政策的界线是什么？

"基于规则政策和相机抉择政策之间的界线是什么？"是基础且非常实用的问题。麦卡勒姆（McCallum，1999）在他对货币规则的全面综述的第一部分中专门讨论了规则与相机抉择之间的区别。他承认："但是，在实际应用于中央银行的真实行为时，很难轻易区分两者。"（第 1487 页）他认为，在笔者的论文《实践中的相机抉择与政策规则》（Taylor，1993a）中，笔者"明确地解决了这一问题"（第 1487 页），通过阐述类规则的行为是系统性的，在"方法论上，是根据计划，而不是随意或随机的"（第 213 页）。事实上，那篇论文的明确目的是"在政策制定者不能也不应该机械地遵循这些简单代数公式的规则的情形下，研究政策规则的作用"。

笔者之后详细说明了其分界线（Taylor，2012b，第1018 页）：

在实践中评估货币政策是否基于规则时，没有必要只关注规则与相机抉择的纯粹理论定义，例如可能来自博弈论或时间不一致的文献，其中政策处于极端或另一个极端。没有必要将基于规则的政策的定义限制在政策工具的设置完全符合代数公式的情况下。相反，规则与相机抉择之间的区别更多是程度上的问题。有几种方法可以评估和衡量货币政策是更多基于规则还是更少基于规则。

如果货币政策是基于规则的，则有关政策工具的决策将更加可预测和更系统化。决策者可以而且确实可以动态地讨论其战略，包括现在的决策对将来的决策的影响。他们倾向于将公式或等式用于政策工具，至少作为决策时的指导。他们对政策工具的决策可以合理地描述为稳定的关系，这表明政策工具对可观察到的事件（如通货膨胀和实际经济增长的变化）具有一致的反应。

相比之下，在采取更多相机抉择政策的情况下，决策的可预测性较低、临时性较高，并且它们倾向于侧重短期微调。政策制定者几乎没有兴趣就制定政策工具的整体应急策略达成共识，而且这些工具的历史路径并不能由稳定的代数关系很好地描述。

通过使用此定义，笔者发现 1985 年至 2003 年的政策是类规则的，而 1985 年以前和 2003 年以后的政策是相机抉择的。如前所述，1985—2003 年的经济表现要好得多。Meltzer（2012）使用历史方法，还确定了 1985—2003 年是基于规则而不是相机抉择的。他指出，这也是一段经济表现相对良好的时期。

为了对规则和相机抉择问题进行更严格的统计检验，Nikolsko – Rzhevskyy 等（2014）和 Teryoshin（2017）的研究更加具体，并直接解决此问题。在评估规则与相机抉择时，Nikolsko – Rzhevskyy 等（2014）决定考虑将众所周知的政策规则（与泰勒规则类似）作为基于规则的政策的定义，与此偏离的则为相机抉择。正如采用类似方法研究美国和其他经济体的 Teryoshin（2017）所说，他"使用实时数据计算了政策规则建议与中央银行实际利率之间的绝对偏离。相对于规则，较高的数值倾向为相机抉择，而较小的数值则表明更像类规则的货币政策"（第 8 页）。

这样，他们为 Meltzer（2012）和 Taylor（2012b）的结果提供了更为正式的统计基础。这些论文使用了各种统计技术来确定货币政策在历史上何时是规则性的，并且表明，规则性时期与良好经济表现时期非常吻合。通过采取政策立场并衡量与政策规则的偏离，Nikolsko-Rzhevskyy（2014）为大量有关政策规则的经验文献作出了重要贡献。Teryoshin（2017）建立了这些结果的稳健性，并使用当时决策者可用的数据将分析有效地扩展到其他经济体。当然，这种方法的一个难点是，相机抉择的定义取决于政策规则。

作为替代方案，可以设想一个与数据非常吻合的复杂规则，因而相机抉择的表现较差，而类规则的表现则大不相同。例如，如果将滞后因变量（利率）放入策略规则中（与惯性规则一样），则偏误会较小。实际上，通常无法区分滞后因变量和序列相关误差，因此有滞后变量。通过引入滞后因变量，计量经济学家实际上是在说，"政策现在很好，而且如果它稍微移动一点，仍然还算不错"，如果基于没有惯性的规则，它很可能并不好。

Dotsey（2016）认为，正如 Giannoni 和 Woodford（2005）所述，所谓的最优政策规则也具有惯性条件，因此它不仅仅是一个任意滞后的因变量。最优政策方法使用了跨期优化问题。在 Giannoni 和 Woodford（2005）的论述中，最优政策可以写成一个单一的方程，以诸如通货膨胀和产出之类的目标变量的超前和滞后的形式表示。相对于简单的货币政策规则，最优政策方法的一个优势在于，它融合了所有相关信息。但是，即使在假定中央银行对模型有全面了解的情况下，在模型模拟中也发现这种信息优势非常小。Williams（2003）使用 FRB/US 模型，发现简单的政策规则所产生的结果与采用最优政策的结果相近。

一个关联的复杂问题是，货币政策可能不遵循规则，但它似乎具有系统的组成部分，从某种意义而言，与该组成部分之间的偏离很小，影响很小，如 Ramey（2016）所示。在某些情况下，这是源自于可能将类规则机制（regime）和相机抉择机制组合在一起的向量自回归的偏误。在其他情况下，系统部分可能基于一个叙述，该叙述未定义此处所做的机制变化。无论哪种情况都表明将现有结果扩展到更广泛的政策规则的重要性。

另一个问题是，可以计量经济学家不知道的方式将对政策规则的偏离设计为类规则。Taylor（2008）建议的对利率的调整提供了一个示例，说明了如何将看似随意的发展以系统的方式纳入政策规则。当时，笔者的研究表明，由于次级抵押贷款衍生的证券，银行之间的交易对手风险增加了。根据这项研究，笔者在国会陈词中说，作为第一道防线，中央银行应通过提高伦敦银行同业拆借利率（LIBOR）与隔夜指数掉期（Overnight Index Swap，OIS）之间的价差（当时约为 50 个基点）来降低其政策利率，然后进行更多研究以找出信用风险更高的原因。正如笔者在最初的泰勒规则论文（Taylor，1993a）中所强调的那样，不应该机械地使用泰勒规则，这种调整就是一个例子，目的是在 LIBOR 和 OIS 之间的价差显著扩大时系统地解决货币市场出现的问题。笔者认为，最初用于寻找泰勒规则的模型暗示了这种调整。

2.4 基于规则的政策之争如何影响中央银行的实践？

本章的第一部分展示了政策规则的建议是如何随着时间而变化的，这种朝着和远离基于规则的政策的摇摆通常与经济绩效的摇摆有关。本节要回答的问题是，对最优货币政策规则的研究以及由此产生的建议是如何直接影响货币政策制定者及其委员会的分析和决策的。尽管增加中央银行的透明度有助于未来的调查，但这个问题很难回答。

卡恩（Kahn，2012）使用从 20 世纪 90 年代开始的联邦公开市场委员会（FOMC）会议的笔录和记录，提供了有关政策规则如何成为美联储讨论主题的有用信息。他还考虑了其他中央银行的会议记录，包括欧洲中央银行（ECB）、日本银行（BOJ）和英格兰银行。第一次阅读 Kahn 的论文时，笔者惊讶地看到有关 20 世纪 90 年代政策规则的大量讨论。例如，珍妮特·耶伦（Janet Yellen）在 1995 年的联邦公开市场委员会笔录中提到泰勒规则。这对应于实际政策决策类规则的时期。艾伦·格林斯潘（Alan Greenspan，1997）于 1997 年 9 月在斯坦福大学作了题为《规则与相机抉择货币政策》的演讲，他在演讲中讨论了泰勒规则，并对总体上货币政策规则的有效性发表了积极评论。

在国际上似乎也是如此，这也是本书考虑的相关因素。在"大缓和"时期，世界上其他中央银行的审议中都提到了政策规则。笔者使用了挪威银行的审议记录来评估近年来违反政策规则的传染趋势（中央银行相互跟随的程度）。这些年来，笔者还从与其他国家/地区的许多中央银行行长的非正式讨论中受益，发现他们都熟悉政策规则并了解其价值。在这些讨论中，笔者看不出有任何迹象表明委员会决策无法处理关于货币政策策略的讨论，或者这种方法消除了对策略的需要，尽管 Fischer（2017a）提出了这种可能性。

一个重要的研究课题是，近几年来，联邦公开市场委员会对政策规则的讨论是如何发展的，尤其是在 2003—2005 年，那时我们看到了更多与政策规则的偏离。可以肯定的是，会议和讨论的记录可能会错过非正式对话以及中央银行决策过程中的其他关键要素，因此可能需要一些调查报告。Mallaby（2016）写道，联邦公开市场委员会决定将利率保持在较低水平，并在相当长的一段时期内将利率保持在较低水平，但并没有以某种方式表明是否存在基于政策规则对于利率过低的讨论。后来，Bernanke（2010）认为，根据政策规则，如果使用的是通货膨胀预测而非实际通货膨胀，那么利率就不是太低。正如 Taylor（2010）指出的那样，美联储的通货膨胀预测低于当时的实际通货膨胀，并且该预测最终超出了通货膨胀的预测界限。

2009—2013 年的大部分政策变化是"资产负债表操作"，因为美联储大规模购买了国债和抵押支持证券。按照本书使用的术语，笔者将其归类为相机抉择而非类规则。与 2013 年所谓的"缩减恐慌"（taper tantrum）相关的不确定性和市场动荡，说明了资产负债表操作中过于相机抉择的危险，而美联储最近的决策似乎避免了此类行动。

根据这一经验，美联储在 2014 年 9 月的《政策正常化原则和计划》中设计和描述的正常化流程与一种更加类规则的方法相符，在该方法中，FOMC "旨在以可预测的方式逐步减少美联储的证券持有量"。2017 年发布的《政策正常化原则和计划附录》（第 1 页）提供了有关 FOMC 打算如何通过减少本金的再投资逐步减少美联储证券持有量的有用细节。

珍妮特·耶伦（Janet Yellen，2017a、2017b）作为美联储主席，在描述美联储如何使用货币政策规则方面开辟了新天地。同样，美联储副主席斯坦利·费舍尔（Stanley Fischer，2017b）的后续演讲以及《2017 年 6 月货币政策报告》的新增部分仍在继续描述政策规则。

Yellen（2017b，第 2 - 3 页）总结了美联储的政策工具策略，内容如下：

当经济疲软和失业率上升时，我们通过降低短期利率来鼓励支出和投资。如您所知，我们的目标利率是联邦基金利率，即银行间对隔夜贷款收取的利率。……同样，当经济正面临将通货膨胀推高到过高水平的威胁时，我们会提高利率，以使经济保持可持续发展，并避免其先繁荣后萧条的趋势。

然后，她将"物价稳定"描述为每年 2% 的通货膨胀水平，可以长期维持的最大就业水平是 4.75% 的失业率，以及"长期中立水平"的联邦基金利率为 3%。虽然确实可以增加更多的细节，但该声明已包含了政策工具的响应，尽管篇幅不长。它提到了驱动响应的关键因素，并给出了三个关键参数的数值。可以将其有用地添

加到美联储的《长期目标和货币政策策略声明》（State-
ment on Longer – Run Goals and Monetary Policy Strategy）
中，该声明实际上并不像其名字那样包含针对这些工具
的策略。

在此之后，耶伦（2017a）在演讲中提供了图表和
对特定政策规则的引用。目的是将实际的美联储政策与
泰勒规则和其他规则进行比较，然后解释差异。笔者认
为人们发现这样做很有用，很高兴看到 FOMC 以建设性
方式使用此类政策规则。总结演示中文字的代数方式是
$r = p + ay + b (p - 2) + 1$，其中 $a > 0$ 且 $b > 0$，r 是联邦
基金利率，p 是通货膨胀率，$y = 2.3 (4.75 - u)$，式中
u 是失业率［2.3 来自 Yellen，（2012）］。而泰勒规则是
$r = p + 0.5y + 0.5 (p - 2) + 2$。这显然为公正的讨论提
供了背景。Fischer（2017b）的演讲采用了类似的方法。
他提到了 2011 年作出的决策，并且更笼统地说，他解
释了基于规则的分析如何进入讨论并由 FOMC 作出评估
以得出政策决定。

6 月 7 日发布的美联储半年度货币政策报告
（2017）包含一个全新的章节，即"货币政策规则及其
在美联储政策程序中的作用"。此章节开创了新局面。
它列出了良好的货币政策的三项主要原则，美联储表示
这些原则已纳入政策规则；然后列出了五项政策规则，

包括泰勒（Taylor）规则和美联储使用的该规则的四个变体，并在注释中提供了有用的参考。

这三个原则听起来很合理：对于其中之一，有时也称为"泰勒原则"，美联储描述得非常具体，给出了政策利率（联邦基金利率）对通货膨胀率的响应的数值范围。

报告中提供了更多信息，包括一些代数式。美联储称之为"调整后的泰勒（Taylor, 1993）规则"的五个政策规则之一，是基于本章前面讨论过的 Reifschneider 和 Williams（2000）的经济学研究得出的。根据奥肯定律（Okun's Law）实际 GDP/潜在 GDP 缺口与失业率之间的经验联系，美联储使用失业率而不是实际 GDP 来描述这些规则。美联储称之为"平衡法则"的另一个规则是周期性变量的系数有所不同的泰勒规则。

该报告将 FOMC 的联邦基金利率设置与政策规则进行了比较。它表明，根据泰勒规则，利率在 2003—2005 年太低且维持时间太长，并且根据其中三个规则，当前的联邦基金利率应该正在上升。美联储使用其随时间变化的中性利率估算进行这些计算。但是，除了对这三项原则持肯定态度外，它在报告中并没有对自己的政策策略作过多说明。

该报告侧重于政策规则的差异而不是相似之处，以及政策规则的输入差异。通货膨胀率、均衡中性利率和其他变量的度量差异是货币政策制定的一部分,并将始终存在。这也是使用政策规则将这些度量差异系统化地转换为政策差异的一个原因。正如本章前面提到的那样,这种差异并不意味着政策规则或策略是不切实际的。

2018 年,美联储新任主席杰罗姆·鲍威尔(Jerome Powell)继续采用这种方法。2 月 23 日,本年度的第一份货币政策报告再次包含了有关政策规则的整个章节,详细介绍了 2017 年 7 月的报告,从而表明新方法将被继续使用。

确实,鲍威尔(Powell,2018,第 4 页)在参议院和众议院面前的第一次国会证词中强调了这一观点:

在评估货币政策立场时,联邦公开市场委员会通常会参考货币政策规则,这些规则将政策利率的建议与我们的法定目标相关的变量联系起来。我个人认为这些规则建议很有帮助。需要对所使用变量的度量以及这些规则未考虑到的许多问题的含义进行仔细的判断。我个人想指出的是,这份货币政策报告进一步讨论了货币政策规则及其在美联储政策制定过程中的作用,扩展了我们在 7 月引入的分析。

遵循政策的人注意到这种对规则和策略的强调。正如拉里·库德洛(Larry Kudlow)担任美国国家经济委员会主席之前所说的那样："我从未在任何证词中看到过这一点。……而且我认为这是进步。"有关更多信息，请参见 Williams（2018）。在 2018 年 3 月 8 日晚些时候，美联储在其网站上发布了关于稳健货币政策的原则和做法的声明，并在《政策规则和政策制定者如何使用它们》（Policy Rules and How Policymakers Use Them）一文中作了非常有帮助的说明。政策规则的概念也影响着国际前沿的实践思维。如前一章所述，Paul Volcker（2014）、Raghu Rajan（2016）和 Mario Draghi 都主张采用更透明的反应函数。所有人都建议对国际货币体系采取更加基于规则的方法。

2.5 实施货币政策的拟议立法如何与辩论相吻合？

几年前，笔者讨论了要求美联储制定和报告利率或其他政策工具的政策规则的立法（Taylor，2011）。这个想法是基于经济研究的成果，包括历史经验以及有关货币总量的先前立法变更。立法不会要求美联储选择任何特定规则，而只是要求其制定一些规则并报告该规则是什么。如果美联储偏离其选择的策略，立法将呼吁它在国会公开听证会上提供解释并回答问题。

Taylor（1993a）讨论了简单的政策规则作为货币政策的指导原则，但没有建议该规则应写入法律，甚至不用于监控政策或要求中央银行负责。正如笔者在那篇论文中所描述的那样，目标是帮助中央银行以更少的相机抉择和更类规则的方式作出利率决策，从而实现价格稳定和经济稳定的目标。

为什么立法现在适合辩论？因为正如辩论所揭示的那样，有证据表明，与20世纪80年代和90年代相比，2003年至2005年左右，货币政策变得相机抉择更多、类规则更少。这段历史表明，立法规则可以帮助恢复类规则的货币原则，并有助于防止将来出现偏离。它还可以为国际货币改革提供催化剂。换句话说，关于此类立法的辩论直接适合于关于货币政策规则与相机抉择的辩论。

通过了众议院金融服务委员会和众议院的一项法案，将符合上述要求的提案写为立法语言。该立法的标题为《联邦公开市场委员会政策规则要求》（Requirements for Policy Rules of the Federal Open Market Committee），这是《美联储监管改革和现代化法案》（Fed Oversight Reform and Modernization Act，FORM）的第2节。该法案将要求美联储针对政策工具"描述联邦公开市场委员会的战略或规则，以进行系统的数量调整"。

选择策略以及如何描述策略将是美联储的工作。如果情况需要改变，美联储可以改变其策略或偏离其策略，但它必须解释原因。该法案仍在辩论中，由于表达和讨论了不同的观点，它有可能在通过并成为法律之前进行修改。

此类立法的先例出现在 1977 年至 2000 年的《联邦储备法案》中，该法案要求美联储报告货币总量的增长率范围。立法并没有具体规定这些范围的数值设置，但是更加关注货币增长范围是 20 世纪 80 年代抑制通货膨胀所做努力的一部分。当 2000 年从法案中删除了报告有关货币总量范围的要求时，并没有加入任何内容。

"政策规则立法声明"（Hansen 等，2016）讨论了立法的原因，这将改变参议院银行委员会和众议院金融服务委员会监督货币政策的方式。艾伦·梅尔泽(2015) 在国会表示："我们需要作出改变，以改善本委员会和众议院委员会对美联储行使的监督责任。你（美联储）有责任。第 8 节第一条赋予了你这一责任。但是你没有能力行使权力。你很忙，要解决许多问题。美联储主席是一生致力于货币政策的人。你无法在飞行中问一系列问题，而这些问题又不能置之不理。因此，你需要一条规则，即，你说你要做这件事，但你并未完成。这需要一个解释，我认为这是我们需要某种规则的最重

要原因之一。"（第6页）

　　然而，作为美联储主席的珍妮特·耶伦（Janet Yellen，2015）对立法表示了担忧。她在众议院金融服务委员会作证时说："我认为美联储不应该将自己束缚于任何机械的规则。"（第10页）可以修改立法以解决此类问题，明智的做法是寻求折中方案，在这种折中方案中，美联储可以选择、描述和改变其策略，而不要求其机械行事。美联储仍将充当最后贷款人或在发生危机时采取适当行动。

　　一些评论员说，众议院货币战略法案将要求美联储遵守泰勒规则，但事实并非如此。该法案要求美联储描述其策略或规则与"参考规则"（恰好是泰勒规则）有何不同。尽管可以对此进行修改，并且应该进行折中研究，但描述特定政策规则与该参考规则之间的差异对于美联储而言是一项自然而日常的任务。实际上，美联储的许多人已经进行了这样的比较，包括耶伦（Yellen，2012、2017a、2017b）。

　　有人认为利率的零界限意味着政策规则不再有用。但是正如本章描述的那样，政策规则有很多方法可以处理利率的ELB。有人认为均衡利率的下降意味着不能使用政策规则。但是正如本章所讨论的那样，可以轻松地根据规则调整均衡利率。一些人认为，产出缺口或通货膨胀率的不确定性使依赖产出缺口或通货膨胀率的规则无用。但是，这种不确定性对相机抉择和政策规则都同样是一个问题。有人认为政策规则有很多变体，因此不能在实践中使用规则。确实有些规则比其他规则更好，对于研究人员和政策制定者而言，寻找新的更好的规则是很有意义的。笔者认为，研究表明将住房价格或股票市场增加到政策规则中存在危险，但这是美联储的工作。

正如笔者之前讨论的那样，政策规则可能存在的一个问题是，当货币政策委员会（如 FOMC）对规则存在很多意见分歧时，可能会发现很难选择一个规则。委员会主席要达成共识可能特别困难。但是，与设定政策利率的决定一样，因为不需要一致同意，这个问题得到缓解。

最后，有各种方法可以满足立法要求。例如，美联储可能使用通货膨胀预测目标，或者只是预测目标来制定货币战略，而不是在政策工具中使用规则。如笔者之前所述，按照这种方法，中央银行将选择其政策利率，以便其对不同变量的预测的线性组合沿着给定路径下降。尽管可以计算利率路径，但这种方法无法产生简单的政策规则。根据政策法规的规定，中央银行负责制定策略。尽管经验表明，在实践中将重点放在货币政策的决策规则上效果更好，但这种替代方案可能符合拟议立法的条款。

2.6　结论

以上对货币政策规则和相机抉择辩论的回顾得出了一些结论。

第一，总的来说，随着时间的流逝，对政策规则的不同建议和提议都基于特定的经济模型、稳健的方法论和经验发现。这是政策评估一个吸引人的特征，它意味着应该在中央银行内部和外部继续进行有关货币政策的高质量经济研究。

该研究产生了许多政策规则可供中央银行行长选择，并且引发了有关提案和提案人之间的可理解的辩论。但是，这不是批评，也不意味着中央银行家应该放弃系统的政策方针。以此类推，在外交政策中，几乎所有人都同意制定一项战略至关重要，因此政策不仅仅涉及战术。但是在任何现实情况下，都有许多提议的外交政策策略可供选择。决策者的工作是选择策略并使之生效。

第二，虽然政策规则通常被视为束缚中央银行行长双手的方式，但实际上，规则或策略只是帮助中央银行行长在民主国家中与市场和公民进行沟通交流以及参与全球货币体系时改善货币政策的方式。随着时间的推移，不同国家的经验表明，它们确实改善了经济绩效，从而改善了人们的生活。

第三，虽然在研究中使用定量、经验和历史方法来区分相机抉择政策和基于规则的政策，但在实践中很难确定分界线。这使得比较和对比方法变得困难。尽管已取得重要进展，但仍需要进一步研究。同时，政策制定者在制定日常决策时，可以通过多种方式内化清晰、一致的策略原则。

第四，政策辩论的研究对中央银行的实践产生了明显的影响，尽管辩论仍在继续并且人们对这种想法的热情日渐减弱。根据笔录和其他文件展开的详细调查显示，随着时间的推移，影响不断增加，与决策者的非正式对话也能说明这点。研究表明，这种情况发生在拥有不同程度委员会决策的中央银行。在过去一年左右的时间里，美国和其他国家/地区的中央银行行长在演讲和评论中越来越关注政策规则和策略。

第五，虽然研究表明中央银行的独立性对于良好的货币政策制定至关重要，但它还不足以防止脱离基于规则的政策。在美国，国会根据宪法履行职责，这项研究表明考虑立法的价值，这将促进与国会和公众关于货币政策战略的报告和讨论。

本章讨论了关键问题，这些问题定义了货币政策中有关规则与相机抉择的最近辩论的范围。这里描述的经济研究成果表明为什么国际货币体系基于规则的改革要建立在制度改革的基础之上，这非常重要，在该制度改革中每个中央银行都采用基于规则的策略。潜在的经济理论与拟议的制度改革之间有着明显的联系。

下一章将追踪货币政策如何响应理论变化而发生变化，以及不幸的是，货币政策有时会在没有理论变化的情况下发生变化，从而进一步探讨理论与制度之间的重要联系。

3 我们从理论中得到的 是否比投入的更多?

本章标题提出的问题是永不过时的。的确,十年前,笔者在瑞士国家银行(SNB)的晚宴讲话中使用了相同的题目。笔者从伟大的物理学家理查德·费曼(Richard Feynman)于1963年出版的《费曼物理学讲义》一书中获得了该题目和讲话的灵感。这本书是费曼在加州理工学院(Cal Tech)的物理入门课的精美纲要。作为经济学入门的老师,笔者对他教授新生和大二学生的入门引导性论述特别感兴趣。

第7章"引力理论"特别有趣。费曼在其中写道:"任何新定律的伟大发现,只有在我们能付诸实践的基础上才有用。"然后他继续说明,这对于惊人的简单引力定律而言确实是正确的。他展示了它是如何预测和解释许多以前未曾解释过的事情的,例如潮起潮落和地球的圆度,以及如何将其以多种方式用于改善人们的生活。

同样，默文·金（Mervyn King, 2005）在担任英格兰银行行长时说，他希望我们能从货币理论中收获更多，笔者相信这是所有中央银行家的恒久愿望。无论是学术界还是中央银行界，无论是货币经济学还是其他领域的研究人员，都一定要考虑到这一点。但是，抛开愿望，我们从货币理论中所得到的是否超过了所投入的？

在本书中，笔者概述了一个简单的基于事实的国际体系运作理论，展示了为什么世界需要该理论所蕴含的针对国际体系的政策改革，并解释了改革应该如何实施。我们从该理论中所得到的是否超过我们所投入的，将取决于政策是否根据该理论的"为何改和如何改"而变化，并且取决于该理论是否正确，即这种改革是否将改善经济绩效。

本章将采用实时历史方法来处理理论、政策和绩效之间的联系。首先回顾十年前的情况，下一节以 Taylor（2007a）发表的演讲为基础，回顾笔者在第一届瑞士国家银行年度研究会议上的讲话。然后，笔者考虑一下过去十年发生的变化。

3.1 十年前的方式

十年前，政策制定和学术界仍在围绕货币政策在实现"大缓和"（Great Moderation）中的作用进行激烈辩论，在"大缓和"时期，也就是 20 世纪八九十年代直到 21 世纪初，美国和其他国家观察到价格和产出稳定性得到显著改善。值得注意的是，经济衰退的频率和严重程度以及通货膨胀率均急剧下降。

笔者当时的观点是，货币政策在取得这些良好成果方面起着重要作用。支持这一观点的关键证据是，货币政策工具的响应能力发生了变化，而宏观经济稳定状况与之同时发生。中央银行更加关注通货膨胀，因此开始系统地调整其政策利率，以更大幅度、更快速、更系统地应对通货膨胀。它们对实际国内生产总值（GDP）的反应也发生了变化。因此，伴随着"大缓和"，货币政策也发生了重大转变。两者时间的接近为货币政策在改善经济绩效中的作用提供了有力的证据。

货币理论与货币政策的这一重要转变之间又有怎样的联系呢？如果确实存在这种联系，那么毫无疑问，我们从理论中获得的收益比我们投入的更多。历史表明，理论起因果作用的可能性很大：大约 30 年前，货币理论家开始帮助改善货币政策的执行，目的是使实际 GDP 和通货膨胀的波动变小。他们甚至以数学形式写下了稳定性目标。他们使用一种新颖的、基于期望的理论，提出了货币政策的新思路，强调货币政策工具需要具有更

高的可预测性和可信度，并且对通货膨胀和实际 GDP
作出更大反应。

当我们回顾"大缓和"时期和之前，利率设定程序
已经非常接近理论上的建议，主要是政策利率对通货膨
胀和实际 GDP 变化的系统、迅速和积极的反应。正如
笔者已经提到的，在这两个变化的同时，经济也发生了
变化：通货膨胀和实际 GDP 的波动也下降了，这是理
论研究的目标。货币理论、政策和结果之间的这种相互
作用是经济学中最引人入胜的故事之一。理论、政策和
结果之间的联系永远不会毫无疑问地被证明，更不用说
因果关系了，但是它们发生的时间非常接近。

3.1.1 三部分理论

为了更好地了解从理论到政策的因果关系，"深入
研究"并检验货币理论的引擎是很有见地的。这一时期
的主要货币理论为中央银行的研究人员所熟知。它由三
个部分组成，简单来说就是三个方程，就像通常所说的
"新凯恩斯主义"（New Keynesian）模型一样。

该模型的第一部分描述了价格和工资的调整。它描
述了企业和工人如何设定价格和工资，以及它们如何汇
总到价格水平和通货膨胀率中。该模型的第二部分是货
币政策规则，它描述了中央银行如何设定政策利率。该

模型的第三部分描述了随着时间的流逝，中央银行的政策利率对实体经济的影响，即投资和储蓄方程（Invest-ment and Saving，IS）。在伟大的瑞士数学家莱昂哈德·欧拉（Leonhard Euler）为动态模型的分析作出了巨大贡献之后，它有时被称为欧拉方程。

虽然可以追溯模型所有三个部分的变化对货币政策的影响，但由于第三部分的变化相对较小，在此期间理论上的大部分变化都与模型的第一部分和第二部分有关。第2章讨论了货币政策规则的第二部分。本章重点介绍模型第一部分的变化（价格调整理论），并研究这些变化如何影响政策。

3.1.2 价格调整理论的变化和政策的变化

讨论价格调整模型的起点是所谓的期望增强型菲利普斯曲线（expectations – augmented Phillips curve），这是由米尔顿·弗里德曼（Milton Friedman）和埃德蒙·菲尔普斯（Edmund Phelps）在20世纪60年代后期首次提出的。期望增强型菲利普斯曲线告诉我们，如果通货膨胀率高于人们的预期，那么产出和就业率将高于正常水平，反之亦然。它还告诉我们，如果要将通货膨胀率降低至目前的预期水平以下或升高至目前的预期水平以上，那么实际产出和就业必须在一段时间内降至正常水平以下或升至正常水平以上。只要假设期望是自适应的（即缓慢变化），此期望增强型菲利普斯曲线就可以合理地准确描述通货膨胀和实际 GDP 的时间序列模式。

但是随着理性期望的出现，这一切都改变了。如果您认为期望是合理的，并且价格具有完全的灵活性，那么货币政策（只要是预期的或遵循已知规则）就无法在实际通胀率和预期通胀率之间产生差异。系统的货币政策就无法影响实际 GDP。只有在公众预期之外的中央银行政策才能影响实际 GDP。中央银行可以任何程度的准确性达到其想要的任何通货膨胀率，并且不会对实体经济产生不利影响。

尽管这个惊人的结果在当时引起了很多关注，但它并不是一个非常准确的理论，对于弄清楚货币政策如何减少通货膨胀和产出波动并没有用。因此，一种新的理论被开发出来，该理论力图将价格和工资调整的一些现实世界特征与理性预期结合在一起。新理论的基本思想是企业不会立即改变价格（相同的思想也适用于工资，但在这里笔者更关注价格）。相反，在一段时间内企业的价格是固定的，并且不同企业的定价决策不会全部在同一时间内同时作出，即价格调整将错位且不同步。

这种新的定价假设需要对市场理论进行根本性的重新思考。典型教科书里的需求曲线、供给曲线和均衡价格的图表分析将不起作用。当您考虑市场在这种情况下的运作方式时，您会意识到经典的供求框架中没有包含这几项重要的事情。首先，您意识到当一家企业在决定设定价格时，其他企业的价格决策还未完成。因此，企业需要回顾其他企业的价格决策。其次，您意识到企业的价格将持续一段时间时，就必须提前考虑并预测其他企业的价格决策。

掌握此类市场运作方式的一种方法是简化假设，即在固定的时间段内将价格固定。无论如何，这就是笔者在 20 世纪 70 年代关于这个问题的著作（Taylor，1979b、1980）中所假设的。这种简化的假设类似于保罗·萨缪尔森（Paul Samuelson）最初的重叠世代模型，即所有人都生活在两个时期。尽管假设简单，但该理论仍产生了一些令人着迷的结果，并对政策产生了影响。笔者在这里仅作简要概述。

第一，该理论产生了一个简单的方程，该方程可用于中央银行模型并进行测试。笔者将其列为七个主要发现之一，原因很简单，如果理论没有得出该方程，本次讨论中报告的任何进展都不会实现。该方程描述了企业当前定价的决策。此方程中的一个关键变量是其他公司设定的现行价格，该价格是过去设定的价格和将来设定的价格的平均值。有一个很好的对称性：过去和将来的系数相等。

第二，对未来通货膨胀的期望与当前的定价决策息息相关。当前的价格决策预计会持续到将来，因此将来设定的某些价格将与当前的决策有关。这是一个非常重要的成果：通货膨胀期望首次在通货膨胀理论中发挥了作用。它为中央银行信誉和通胀目标提供了理论依据。

第三，通货膨胀过程存在惯性。因此，过去的价格很重要，因为它们与当前的价格决策有关。过去价格的系数可以从该理论中计算得出。

第四，惯性要比固定价格的时间长。价格震荡需要很长时间才能在整个市场中传播，因为上一时期的价格决策取决于之前那个时期的价格决策，以此类推。这种现象被称为合约乘数（contract multiplier），类似于凯恩斯乘数。

第五，惯性或持久性取决于货币政策。中央银行对通货膨胀的反应越积极，通货膨胀冲击的持续性就越低。后来的实践经验和经验分析证明了这一预测是正确的。随着时间的推移，随着货币政策反应的上升，通货膨胀的持久性将下降。

第六，该理论暗示了价格稳定性和产出稳定性之间的折中曲线。效率低下的货币政策将偏离曲线，通过继续前进可改善绩效。如第 2 章所述，包括美联储主席本·伯南克（Ben Bernanke，2004）和后来的英格兰银行行长默文·金（Mervyn King，2012）及马克·卡尼（Mark Carney，2013）在内的中央银行行长都使用此曲线来解释在"大缓和"时期及其他时期货币政策的作用。

第七，去通货膨胀的成本低于期望增强型菲利普斯曲线。当人们后来检查20世纪80年代初期的通货膨胀成本时，这一预测也被证明是准确的。

对理论进行的修改和扩展如下：Taylor（1979a）允许对价格固定的时间间隔进行经验分配。Calvo（1982）假定几何分布，导致了进一步的简化。Fuhrer 和 Moore（1995）修改了模型，以便它可以产生额外的通货膨胀惯性，这在经验上是需要的。幸运的是，对于这些变化，政策影响的稳健性仍然很强。后来，如果企业具有一定的市场支配力，价格调整方程被证明是最优的（例如，参见 Yun，1996；Chari、Kehoe 和 McGrattan，2000）。

尽管基于优化的价格设定方程的函数形式与原始模型相同，但我们从该理论中获得了更多，即第八，更积极的货币政策反应意味着价格冲击（大宗商品或汇率）更少传递到核心通货膨胀。在许多国家已经证明这种减少的传递。最近的其他重要发展是在企业价格决策时机上增加了灵活性(Dotsey、King 和 Wolman,1999;Gertler 和 Leahy,2008;Golosov 和 Lucas,2007),以及对该理论进行了更严格的微观检验(Klenow 和 Kryvtsov,2008)。此处强调的关键政策结果继续保持不变。

总而言之,笔者 17 年前查看价格调整理论时,看到了较强的政策含义,并且意识到实际的政策也随之改变。如果再加上这一发现,即政策的变化对美国和其他经济体所观察到的价格和产出稳定性的戏剧性显著改善起了一定作用,那么您得出的结论是,我们从货币理论中获得的确实比投入的多。当然,正如笔者当时所说,很显然,中央银行家未来将面临新的实际问题,中央银行和其他的货币研究需要关注这些实际问题。无论如何,这就是十年前的方式。

3.2 随后的方式

但是政策的初期变革也在进行中,这将从根本上改变未来十年的历史。在瑞士国家银行会议的几周前,笔者在怀俄明州杰克逊霍尔举行的堪萨斯城美联储年度会议上发表了讲话,在那次会议上,笔者证明了美联储设定的超低利率(偏离基于规则的政策)是导致住房市场繁荣的因素（Taylor，2007c）。笔者用两个图说明了这一点，如图3.1所示。图3.1上部的面板图显示了美联储在2000年至2006年设定的实际利率，即联邦基金利率，还显示了一个反事实、基于规则的利率，其中联邦资金利率遵循泰勒规则，经过平滑处理后得到了美联储常用的25个基点的增量调整。从图中可以清楚地看出，美国的货币政策制定者开始偏离了政策规则，特别是在2003—2005年，将联邦基金利率保持在政策规则所隐含的利率设定之下。

笔者针对这两种利率路径模拟了联邦基金利率下的住房模型。该模型由一个方程组成，在该方程中，房屋开工数取决于联邦资金利率，并根据50年的季度数据进行估算。图3.1下部的面板图显示了模拟结果，以及有关房屋建设开工的实际历史数据。在2000年至2002年政策基于规则的期间，模拟结果与房屋的历史数据非常接近。从2003年开始，当利率路径彼此偏离时，按照美联储设定的实际利率进行模拟，住房市场繁荣将继续，而按照基于规则的较高利率进行反事实模拟（counterfactual simulation），情况却不是如此。因此，按照这种模式，基于规则的利率路径本可以避免房地产繁荣，从而避免国际金融危机导致的急剧萧条。繁荣的逆转以及由此引起的市场动荡就不会那么剧烈。

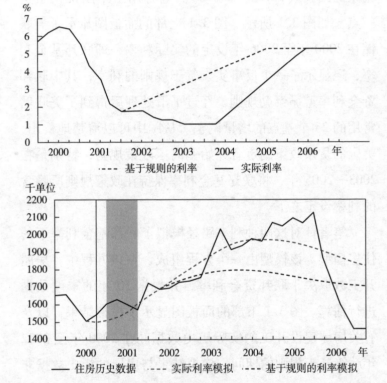

**图 3.1　2000—2006 年实际利率和基于规则的利率，
以及房屋开工数**

[资料来源：Taylor（2007c）]

　　尽管在笔者初次介绍该图时存在分歧，但在过去的
十年中，许多研究人员指出了实际政策与政策规则之间
的偏离。图 3.2 是国际清算银行（BIS）鲍里斯·霍夫

曼（Boris Hofmann）制作的图表。它包括泰勒利率的范围及其均值，一直持续到 2017 年底（该范围的计算方法与第 1 章图 1.1 中所示的全球和新兴市场经济体中央银行的平均水平相同）。2003—2005 年的偏离仍然很明显，2007—2009 年基于规则的降息，大萧条之后的偏离以及最近开始的正常化也是如此。

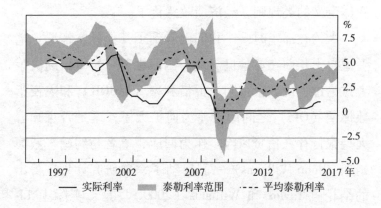

图 3.2 1995—2017 年美国的实际利率和泰勒利率

（资料来源：国际清算银行的 Boris Hofmann）

如果没有政策规则，也可以清楚地看出 2003—2005 年政策与 20 世纪 90 年代政策的偏离。例如，在 1997 年，当通货膨胀率为 2% 时，利率为 5.5%。2003 年，通货膨胀率也为 2%，且经济在相同的产能水平下运行，利率却仅为 1%。

因此，经济政策出现偏离，随后经济绩效恶化。这次偏离是在国际金融危机之前发生的，显然是在近年来经济绩效不佳之前（因果关系的证据）。一种因果机制是，这种偏离导致了对住房市场收益和超额收益的追求，再加上与安全和稳健性规则背道而驰的监管程序，助推了国际金融危机的爆发。因此，该理论的预测再次在实践中得到证实。显然，政策偏离了由泰勒规则或其变体定义的类规则，经济绩效恶化了。

大约在那个时候，我们也看到了其他异常情况。笔者记得十年前在苏黎世与瑞士国家银行（SNB）的决策者讨论过，伦敦银行同业拆借利率（LIBOR）和隔夜指数掉期（OIS）之间的价差为何扩大了，这是否意味着大型银行存在信贷风险。作为回应，笔者与约翰·威廉姆斯（John Williams）一起启动了一项研究计划，得出的结论［Taylor 和 Williams（2009）］是，实际上 LIBOR 与 OIS 之间的价差扩大确实表明银行之间的交易对手风险有所增加，并且该风险与对由次级抵押贷款和其他资产衍生的证券的担忧有关。美联储最初对我们的研究持批评态度，并未接受这一判断。此后不久，笔者在国会提倡（Taylor，2008），作为第一道防线，中央银行应通过提高 LIBOR 与 OIS 之间的利差来降低其政策利率，当时利差约为 50 个基点，然后找出信用风险更高的原因。笔者实际上是在建议美联储使用当时瑞士国家银行的操作程序。

当恐慌情绪在 2008 年秋季爆发时，美联储和许多其他中央银行反应良好，充当了传统的最后贷款人。但是很快又出现了对类规则的货币政策的偏离，特别是相机抉择的大规模量化宽松政策，使用经常变化的前瞻性指导以及关于相机抉择的宏观审慎政策的讨论。回想一下，Nikolsko – Rzhevskyy、Papell 和 Prodan（2014）使用利率规则作为基于规则的政策的度量，表明存在偏离，并且偏离对经济产生有害影响。

经济合作与发展组织（OECD）的 Ahrend（2010）首次指出了偏离是全球性的，如图 1.1 所示，现在这对任何观察者来说都是显而易见的。中央银行相互跟随着降低利率或采用量化宽松政策。Richard Clarida（2016）表示："量化宽松引发了量化宽松！"关于外溢的抱怨越来越多，对一些国际协调的诉求也越来越高。经济学家开始呼吁恢复基于规则的政策。

Michael Belongia 和 Peter Ireland（2015）说："对于所有关于'透明度'的讨论，［联邦公开市场委员会（FOMC）］旨在捍卫其 2% 的通胀目标的过程或规则仍然未知。"Charles Calomiris、Mickey Levy 和 Peter Ireland（2015）写道，基于规则的货币政策比几十年前更具意义，并特别指出"泰勒规则，如果有的话，似乎更适用于指导当今的美联储政策"(第 7 页)。他们为什么得出这个结论? 他们指出, 在该规则中假设目标通胀率为2%, 美联储也将该值设定为 2%, 因此, "泰勒规则是专门为实现 FOMC 承诺的价格稳定而设计的"(第 7 页)。此外, 他们指出, 在 25 年前, "几乎没有经济学家会猜到彻底的通货膨胀将成为世界各地中央银行家最大的可感知威胁, 但泰勒规则不仅预见到这一点, 而且其巧妙的设计正面解决了问题……泰勒规则因此完全符合美联储的法定双重授权"(第 7 - 8 页)。

3.2.1 理论上有变化吗?

在过去的十年中, 最令人震惊的是, 货币政策的这种变化并没有伴随着货币理论的变化, 至少在本章所关注的价格调整理论中没有变化。在《宏观经济学手册》(*The Handbook of Macroeconomics*)的稿件中, 笔者写了"宏观经济学中工资和价格交错设定模型的持久力"(Taylor, 2016c)。笔者阐明, 该理论背后的数据随着时间的推移以及在各个经济体之间呈指数增长, 并且模型对异质性的需求越来越大。但是笔者还得出结论, 仍然保留着相同的基本政策含义, 就像笔者十年前总结并在这里进行的回顾一样。这些相同的思想将持续嵌入中央银行内部和外部使用的货币模型。

因此,回顾过去的十年,必须得出一个结论,就是我们从理论中得到的并没有比我们投入的更多。其原因不是理论错了,而是政策偏离了轨道。为了从理论中获得更多的收益,我们需要使用该理论,而政策的变化表明该理论并未被使用。尽管经济学远不及物理学那么精确,但这就像是人们在忽略重力理论的情况下开始制造和试飞飞机。

3.3　未来会采用哪种方式?

关于国际货币体系和构成该体系的每个国家的货币政策,我们现在正处于另一个转折点。笔者认为,货币理论(根据最新数据和经验进行了更新)建议进行政策改革,以建立基于规则的国际货币体系。出发点是在每个国家恢复基于规则的体系。

笔者认为我们从这个理论中得到的将比我们投入的更多,但是,正如历史所表明的那样,这将要求进行改革。世界各地的中央银行家都在谈论货币政策正常化,这是非常有前景的。美联储已经开始将新的关注点放在基于规则的政策上,这是个好消息。但是,对于货币政策有许多不同的观点,并且存在货币政策未朝这个方向发展的风险。

　　另一个风险是，货币理论将发生变化，从而可能产生误导。经济研究令人兴奋，对新理论的追求和发展也是如此。这也是已经取得和未来会取得进展的原因。但是也许会有迂回——一种新理论流行起来，似乎表明基于规则的策略不起作用，但这实际上并不正确，后来也被证明是错误的。但这会使我们远离（或至少延迟）基于规则的政策的重建，从而使与良好政策的偏离变得固化，并随后导致经济绩效下降。中央银行和经济研究者群体意识到此类风险将会降低其发生的可能性。

注　释

1. 正如国际清算银行所解释的那样，"泰勒利率的计算公式为：$i = r^* + \pi^* + 1.5 (\pi - \pi^*) + 0.5y$，其中 π 表示通货膨胀的度量，y 表示产出缺口的度量，π^* 表示通胀目标，r^* 表示长期实际利率，在此以实际产出增长趋势为代理变量。该图显示了不同通货膨胀/产出缺口组合的泰勒利率的平均值和范围，通过组合通货膨胀的四种测度（总体通胀、核心通胀、GDP 平减指数通胀和总体通胀共识预期）与产出缺口的四种测度（使用 Hodrick - Prescott（HP）滤波器、分段线性趋势和不可观测成分技术以及 IMF 估算）而得出。π^* 设置为等于官方通货膨胀目标，否则等于通过标准 HP 滤波器估算的样本平均或趋势通货膨胀"。有关更多详细信息，请参见 Hofmann 和 Bogdanova（2012）。

2. 该信息来自挪威银行的几份货币政策报告，并在笔者 2010 年于挪威银行所作的演讲中使用，后来发表在 Taylor（2013）中。

3. 乘数是 $1/(1 - \alpha\alpha^*)$，其中 α 是一个中央银行的反应系数，α^* 是另一个中央银行的反应系数。对于图1.2 中的情况，$\alpha = 0.5$ 且 $\alpha^* = 1$，因此乘数为 2。

4. 如果将储备金余额的增加用于购买外国债券，那将不是所谓的"冲销干预"，因为中央银行不会出售国内债券来抵消外国债券的购买。

5. 第 3 章将进一步讨论 2003—2005 年的情形。

6. 《政策建模杂志》，36 卷，2013 年第 4 期。

参考文献

Ahrend, Rudiger. (2010). "Monetary Ease: A Factor behind Financial Crises? Some Evidence from OECD Countries." *Economics: The Open Access, Open Assessment E-Journal*, vol. 4, no. 2010–2012, April 14. http://www.economics-ejournal.org/economics/journalarticles/2010-12.

Anderson, Theodore W., and John B. Taylor. (1976). "Some Experimental Results on the Statistical Properties of Least Squares Estimates in Control Problems." *Econometrica*, vol. 44, no. 6, 1289–1302.

Ando, Albert, and Robert Rasche. (1971). "Equations in the MIT-PENN-SSRC Econometric Model of the United States." Unpublished paper. January, University of Pennsylvania.

Asso, Pier Francesco, and Robert Leeson. (2012). "Monetary Policy Rules: From Adam Smith to John Taylor," in *The Taylor Rule and the Transformation of Monetary Policy*, Evan F. Koenig, Robert Leeson, and George A. Kahn, eds. Stanford, CA: Hoover Institution Press, pp. 3–62.

Beckworth, D., and J. R. Hendrickson. (2015). *Nominal GDP Targeting and the Taylor Rule on an Even Playing Field*. Working paper, Western Kentucky University, Department of Economics, Bowling Green.

Belongia, Michael, and Peter Ireland. (2014). "Interest Rates and Money in the Measurement of Monetary Policy," NBER Working Paper No. 20134, May. Cambridge, MA: National Bureau of Economic Research (NBER).

Belongia, Michael, and Peter Ireland. (2015). "Don't Audit the Fed, Restructure It," *e21*, February 19. https://economics21.org/html/don%E2%80%99t-audit-fed-restructure-it-1249.html.

Bernanke, Ben. (2003). "Remarks Before the Money Marketeers of New York

University," New York, February 3. https://www.federalreserve.gov/board docs/speeches/2003/20030203/default.htm.

Bernanke, Ben. (2004). "The Great Moderation." Eastern Economic Association, February 20, Washington, DC. https://www.federalreserve.gov/board docs/speeches/2004/20040220/.

Bernanke, Ben S. (2010). "Monetary Policy and the Housing Bubble." Annual Meeting of the American Economic Association, Atlanta, GA, January 3. https://www.federalreserve.gov/newsevents/speech/bernanke20100103a. htm.

Bernanke, Ben. (2015). *Objections to Federal Reserve Accountability Bill.* Video of remarks at the Conference on The Fed in the 21st Century: Independence, Governance, and Accountability, Brookings Institution, Washington, DC, March 2. https://www.youtube.com/watch?v=KJmA5JDNpKg&t=37.

Board of Governors of the Federal Reserve System. (2017). *Monetary Policy Report,* June 7.

Board of Governors of the Federal Reserve System. (2018). *Monetary Policy Report,* February 23.

Bordo, Michael D., and Andrew T. Levin. (2017). "Central Bank Digital Currency and the Future of Monetary Policy," in *The Structural Foundations of Monetary Policy,* Michael Bordo, John Cochrane, and Amit Seru, eds. Stanford, CA: Hoover Institution Press, pp. 143–178.

Brayton, Flint, Andrew Levin, Ralph Tryon, and John C. Williams. (1997). "The Evolution of Macro Models at the Federal Reserve Board," *Carnegie-Rochester Conference Series on Public Policy,* vol. 47, 43–81.

Brayton, Flint, Peter Tinsley, A. Bomfim, D. Reifschneider, P. von zur Muehlen, B. Tetlow, and J. Williams. (1996). *A Guide to FRB/US: A Macroeconomic Model of the United States.* Washington, DC: Federal Reserve Board. https://www.federalreserve.gov/pubs/feds/1996/199642/199642pap. pdf.

Brunner, Karl. (1968). "The Role of Money and Monetary Policy." July 1968 Federal Reserve Bank of St Louis *Review,* pp. 9–24.

Brunner, Karl. (1971). "A Survey of Selected Issues in Monetary Theory," *Schweizerische Zeitschrift für Volkswirtschaft und Statistik,* no. 1, Jhargang 107, March, pp. 1–46.

Brunner, Karl. (1980). "The Control of Monetary Aggregates." In *Controlling Monetary Aggregates III* (pp. 1–65). Boston: Federal Reserve Bank of Boston.

Brunner, Karl and Allan Meltzer (1976). "Introduction to the Series," *Carnegie-Rochester Conference Series on Public Policy*, Elsevier, vol. 1, p ii.

Brunner, Karl and Allan Meltzer. (1993). *Money and the Economy: Issues in Monetary Analysis,* Cambridge University Press.

Bryant, Ralph, Peter Hooper, and Catherine Mann. (1993). *Evaluating Policy Regimes: New Research in Empirical Macroeconomics.* Washington, DC: Brookings Institution.

Calomiris, Charles, Peter Ireland, and Mickey Levy. (2015). "Guidelines for Policymaking and Communications during Normalization." Shadow Open Market Committee, March 20. http://shadowfed.org/wp-content/uploads/2015/03/CalomirisIrelandLevySOMC-March2015.pdf.

Calvo, Guillermo. (1982). "Staggered Contracts and Exchange Rate Policy," in *Exchange Rates and International Macroeconomics,* J. A. Frankel, ed. Chicago: University of Chicago Press, pp. 235–258.

Carney, Mark. (2013). "Monetary Policy after the Fall." Eric J. Hanson Memorial Lecture, University of Alberta, Edmonton, Alberta, May 1, https://www.bankofcanada.ca/wp-content/uploads/2013/05/remarks-010513.pdf.

Carstens, Agustin. (2015). "Challenges for Emerging Economies in the Face of Unconventional Monetary Policies in Advanced Economies." Stavros Niarchos Foundation Lecture, Peterson Institute for International Economics, Washington, DC, April 20.

Carstens, Agustin. (2016). "Overview Panel: The Case for Emerging Market Economies." In *Designing Resilient Monetary Policy Frameworks for the Future.* Kansas City: Federal Reserve Bank of Kansas City, pp. 501–509.

Chari, V. V., Patrick Kehoe, and Ellen McGrattan. (2000). "Sticky Price Models of the Business Cycle: Can the Contract Multiplier Solve the Persistence Problem?" *Econometrica*, vol. 68, 1151–1179.

Chen, Qianying, Andrew Filardo, Dong He, and Feng Zhu. (2012). "International Spillovers of Central Bank Balance Sheet Policies," BIS Papers, Number 66. Basel, Switzerland: Bank for International Settlements (BIS).

Clarida, Richard. (2016). "Comments on John B. Taylor, 'The Federal Reserve in a Globalized World Economy,'" in *The Federal Reserve's Role in the Globalized World Economy: A Historical Perspective,* Michael Bordo and Mark A.

Wynne, eds. New York: Cambridge University Press, pp. 218–219.

Clarida, Richard, Jordi Gali, and Mark Gertler. (2000). "Monetary Policy Rules and Macroeconomic Stability: Evidence and Some Theory." *Quarterly Journal of Economics*, vol. 115, no. 1, 147–180.

Coeuré, Benoît. (2017). "The International Dimension of the ECB's Asset Purchase Programme." Speech at the Foreign Exchange Contact Group Meeting, July 11, Frankfurt, Germany.

Coletti, Donald, Benjamin Hunt, David Rose, and Robert Tetlow. (1996). "The Bank of Canada's New Quarterly Projection Model: Part 3: The Dynamic Model," Bank of Canada, Technical Report, no. 75, May.

Cukierman, Alex. (2017). "Forex Intervention and Reserve Management in Switzerland and Israel since the Financial Crisis: Comparison and Policy Lessons." Interdisciplinary Center, Tel-Aviv University. https://gdre-scpo-aix.sciencesconf.org/195876/document.

de Leeuw, Frank, and Edward Gramlich. (1968). "The Federal Reserve–MIT Econometric Model." *Federal Reserve Bulletin*, vol. 54, 11–40.

Dellas, Harris, and George S. Tavlas. (2017). "Milton Friedman and the Case for Flexible Exchange Rates and Monetary Rules," Working Paper 236. Athens: Bank of Greece. https://www.bankofgreece.gr/BogEkdoseis/Paper2017236.pdf.

Dorn, James A. (2018). "Monetary Policy in an Uncertain World: The Case for Rules," *The Cato Journal*, vol. 38, no. 1.

Dotsey, Michael. (2016). "Comment on Alex Nikolsko-Rzhevskyy, David H. Papell, and Ruxandra Prodan 'Policy Rule Legislation in Practice,'" in *Central Bank Governance and Oversight Reform*, John H. Cochrane and John B. Taylor, eds. Stanford, CA: Hoover Institution Press.

Dotsey, Michael, Robert King, and Alex Wolman. (1999). "State Dependent Pricing and the General Equilibrium Dynamics of Money and Output." *Quarterly Journal of Economics*, vol. 114, 655–690.

Draghi, Mario. (2016). "The International Dimension of Monetary Policy," The ECB Forum on Central Banking, Sintra, Portugal, June 28. https://www.ecb.europa.eu/press/key/date/2016/html/sp160628.en.html.

Edwards, Sebastian. (2017). "Monetary Policy Independence under Flexible Exchange Rates: The Federal Reserve and Monetary Policy in Latin America—Is There Policy Spillover?" in *Rules for International Monetary Stability*, Michael

Bordo and John B. Taylor, eds. Stanford, CA: Hoover Institution Press, pp. 1–47.

Eichengreen, Barry. (2004). *Capital Flows and Crises*. Cambridge, MA: MIT Press, p. 307n1.

Engel, Charles, and Kenneth West. (2006). "Taylor Rules and the Deutsche-Dollar Real Exchange Rate," *Journal of Money Credit and Banking*, vol. 38, 1175–1194.

Fagan, G., J. R. Lothian, and P. D. McNelis. (2013). "Was the Gold Standard Really Destabilizing?" *Journal of Applied Econometrics*, vol. 8, 131–249.

Fair, Ray, and John B. Taylor. (1983). "Solution and Maximum Likelihood Estimation of Dynamic Nonlinear Rational Expectations Models." *Econometrica*, vol. 51, no. 4, 1169–1185.

Feynman, Richard. (1963). *The Feynman Lectures on Physics*. Available online as Richard Feynman, Robert Leighton, and Matthew Sands, http://www.feynmanlectures.caltech.edu.

Filardo, Andrew, and James Yetman. (2012). "The Expansion of Central Bank Balance Sheets in Emerging Asia: What Are the Risks?" *BIS Quarterly Review*, June. https://www.bis.org/publ/qtrpdf/r_qt1206g.pdf.

Fischer, Stanley. (2017a). "Committee Decisions and Monetary Policy Rules," in *The Structural Foundations of Monetary Policy*, Michael Bordo, John Cochrane, and Amit Seru, eds. Stanford, CA: Hoover Institution Press, pp. 201–211.

Fischer, Stanley. (2017b). "I'd Rather Have Bob Solow than an Econometric Model, But ⋯" Speech at the Warwick Economics Summit, Coventry, United Kingdom. February, https://www.federalreserve.gov/newsevents/speech/fischer20170211a.htm.

Fisher, Irving. (1920). *Stabilizing the Dollar*. New York: Macmillan.

FOMC—Federal Open Market Committee. (2014). "Policy Normalization Principles and Plans," as adopted effective September 16.

FOMC—Federal Open Market Committee. (2017). "Addendum to the Policy Normalization Principles and Plans," as adopted effective June 1.

Friedman, Milton. (1948). "A Monetary and Fiscal Framework for Economic Stability." *American Economic Review*, vol. 38, no. 3, 245–264.

Friedman, Milton. (1953). "The Case for Flexible Exchange Rates," *Essays in Positive Economics*. Chicago: University of Chicago Press, pp. 157–203.

Fuhrer, Jeffrey, and George Moore. (1995). "Inflation Persistence." *Quarterly Journal of Economics*, vol. 110, 127–159.

Gawande, Atul. (2007). "The Checklist: If Something So Simple Can Transform Intensive Care, What Else Can It Do?" *The New Yorker*, December 19. http://www.newyorker.com/magazine/2007/12/10/the-checklist.

Gertler, Mark, and John Leahy. (2008). "A Phillips Curve with an (S,s) Foundation," *Journal of Political Economy*, vol. 116, no. 3, 533–572.

Ghosh, Atish, Jonathan Ostry, and Mahvash Qureshi. (2017). *Taming the Tide of Capital Flows: A Policy Guide*. Cambridge, MA: MIT Press.

Giannoni, Marc P., and Michael Woodford. (2005). "Optimal Inflation Targeting Rules," in *The Inflation-Targeting Debate*, Ben S. Bernanke and Michael Woodford, eds., National Bureau of Economic Research (NBER), University of Chicago Press, Chicago, pp. 93–172.

Golosov, Michael, and Robert Lucas, Jr. (2007). "Menu Costs and the Phillips Curve." *Journal of Political Economy*, vol. 115, no. 2, 171–199.

Gray, Colin. (2013). "Responding to a Monetary Superpower: Investigating the Behavioral Spillovers of U.S. Monetary Policy." *Atlantic Economic Journal*, vol. 21, no. 2, 173–184.

Greenspan, Alan (1997). "Rules vs. discretionary monetary policy," Remarks at the 15th Anniversary Conference of the Center for Economic Policy Research at Stanford University, Stanford, California, September 5, https://www.federalreserve.gov/boarddocs/speeches/1997/19970905.htm.

Hansen, Lars Peter, Robert Lucas, Edward Prescott, et al. (2016). "Statement on Policy Rules Legislation." https://web.stanford.edu/~johntayl/2016_pdfs/Statement_on_Policy_Rules_Legislation_2-29-2016.pdf.

He, Dong, and Robert N. McCauley. (2013). "Transmitting Global Liquidity to East Asia: Policy Rates, Bond Yields, Currencies, and Dollar Credit," BIS Working Paper No. 431. Basel, Switzerland: Bank of International Settlements (BIS).

Helliwell, John, Lawrence Officer, Harold Shapiro, and Ian Stewart. (1969). "The Structure of RDX1." Bank of Canada Staff Research Study, no. 3.

Hetzel, Robert. (1987). "Henry Thornton: Seminal Monetary Theorist and Father of the Modern Central Bank." *Economic Review*, Federal Reserve Bank of Richmond, July/August, 3–16. https://www.richmondfed.org/-/media/richmondfedorg/publications/research/economic_review/1987/pdf/er

730401.pdf.

Hofmann, B., and B. Bogdanova. (2012). "Taylor Rules and Monetary Policy: A Global 'Great Deviation'?" *BIS Quarterly Review*, September, 37–49.

Holston, Kathryn, Thomas Laubach, and John C. Williams. (2016). "Measuring the Natural Rate of Interest: International Trends and Determinants," Federal Reserve Bank of San Francisco Working Paper 2016-11. http://www.frbsf.org/economic-research/publications/workingpapers/wp2016-11.pdf.

IMF Staff Report. (2015). "Monetary Policy and Financial Stability," International Monetary Fund, Washington, DC, August 28.

Kahn, George A. (2010). "Taylor Rule Deviations and Financial Imbalances." *Economic Review*, Federal Reserve Bank of Kansas City, Second Quarter, 63–99.

Kahn, George A. (2012). "The Taylor Rule and the Practice of Central Banking," in *The Taylor Rule and the Transformation of Monetary Policy*, Evan F. Koenig, Robert Leeson, and George A. Kahn, eds. Hoover Institution Press, pp. 63–101.

King, Mervyn. (2003). "Speech at the East Midlands Development Agency/Bank of England Dinner," Leicester, United Kingdom, October 14.

King, Mervyn. (2005). "Monetary Policy: Practice Ahead of Theory," Mais Lecture, Cass Business School, City University, London, May 17.

King, Mervyn. (2012). "Twenty Years of Inflation Targeting," Stamp Memorial Lecture, London School of Economics, London, October 9.

Klenow, Peter, and Oleksiy Kryvtsov. (2008). "State Dependent or Time Dependent Pricing: Does It Matter for Recent U.S. Inflation?" *Quarterly Journal of Economics*, vol. 73, no. 3, 863–904.

Kohn, Donald. (2012). "It's Not So Simple," in *The Taylor Rule and the Transformation of Monetary Policy*, Evan F. Koenig, Robert Leeson, and George A. Kahn, eds Stanford, CA: Hoover Institution Press, pp. 173–182.

Kydland, Finn, and Edward Prescott. (1977). "Rules Rather than Discretion: The Inconsistency of Optimal Plans." *Journal of Political Economy vol. 85, no. 3*, 618–637.

Lane, Timothy. (2016). "Monetary Policy and Financial Stability—Looking for the Right Tools," Bank of Canada, February 8. https://www.bankofcanada.ca/wp-content/uploads/2016/02/remarks-080216.pdf.

Laubach, Thomas, and John C. Williams. (2003). "Measuring the Natural Rate of Interest." *Review of Economics and Statistics*, vol. 85, no. 4, 1063–1070.

Laubach, Thomas, and John C. Williams. (2016). "Measuring the Natural Rate of Interest Redux." *Business Economics*, vol. 51, 257–267.

Levin, Andrew T., and John C. Williams. (2003). "Robust Monetary Policy with Competing Reference Models." *Journal of Monetary Economics*, vol. 50, 945–975.

Lipsky, John. (2012). "A View from the Financial Markets," in *The Taylor Rule and the Transformation of Monetary Policy*, Evan F. Koenig, Robert Leeson, and George A. Kahn, eds. Stanford, CA: Hoover Institution Press.

Lombra, Raymond E., and Michael Moran. (1980). "Policy Advice and Policymaking at the Federal Reserve." *Journal of Monetary Economics*, Fall, 9–68.

Lucas, Robert E. (1976). "Econometric Policy Evaluation: A Critique." *Carnegie-Rochester Conference Series on Public Policy*, vol. 1, 19–46.

Maliar, Lilia, Serguei Maliar, John B. Taylor, and Inna Tsener. (2015). "A Tractable Framework for Analyzing a Class of Nonstationary Markov Models," NBER Working Paper 21155. Cambridge, MA: National Bureau of Economic Research.

Mallaby, Sebastian. (2016). *The Man Who Knew*. New York: Penguin.

McCallum, Bennett. (1999). "Issues in the Design of Monetary Policy Rules." In *Handbook of Macroeconomics*, John B. Taylor and Michael Woodford, eds. Amsterdam: Elsevier, pp. 1483–1530.

Meltzer, Allan H. (1992). "Karl Brunner: In Memoriam." *The Cato Journal*, vol. 12, no. 1, 1–5.

Meltzer, Allan H. (2015). "Karl Brunner, Scholar: An Appreciation." Hoover Institution Economics Working Paper WP15116, December, Stanford University.

Meltzer, Allan. (2012). "Federal Reserve Policy in the Great Recession." *Cato Journal*, vol. 32, no. 2, 255–263.

Meltzer, Allan. (2015). Transcript, Hearing Before the Committee on Banking, Housing, and Urban Affairs, U.S. Senate, March 3. https://www.gpo.gov/fdsys/pkg/CHRG-114shrg93893/html/CHRG-114shrg93893.htm.

Meltzer, Allan H. (2016). "Remarks," in "General Discussion: Funding

Quantitative Easing to Target Infl in *Designing Resilient Monetary Policy Frameworks for the Future*, Federal Reserve Bank of Kansas City, 493–500.

Morgenthau, Henry. (1944). "Closing Address to the Conference," United Nations Monetary and Financial Conference, Bretton Woods, New Hampshire, July.

Newey, Whitney, and Kenneth West. (1987). "A Simple, Positive Semidefinite, Heteroskedasticity and Autocorrelation Consistent Covariance Matrix." *Econometrica*, vol. 55, no. 3, 703–708.

Nikolsko-Rzhevskyy, Alex, David H. Papell, and Ruxandra Prodan. (2014). "Deviations from Rules-Based Policy and Their Effects," in *Frameworks for Central Banking in the Next Century*, Michael D. Bordo, William Dupor, and John B. Taylor (eds.), A Special Issue on the Occasion of the Centennial of the Founding of the Federal Reserve. *Journal of Economics Dynamics and Control*, vol. 49, 4–17.

Nurkse, Ragnar. (1944). *International Currency Experience*. Geneva, Switzerland: League of Nations, pp. 117–122.

Orphanides, A. (2003). "Monetary Policy Evaluation with Noisy Information." *Journal of Monetary Economics*, vol. 50, no. 3, 605–631.

Orphanides, Athanasios, and John C. Williams. (2008). "Learning, Expectations Formation, and the Pitfalls of Optimal Control Monetary Policy." *Journal of Monetary Economics*, vol. 55S, S80–S96.

Phillips, A. W. (1954). "Stabilization Policy in a Closed Economy." *Economic Journal*, vol. 64, 290–323.

Poloz, Stephen, David Rose, and Robert Tetlow. (1994). "The Bank of Canada's New Quarterly Projection Model (QPM): An Introduction." *Bank of Canada Review*, Autumn, 23–38.

Powell, Jerome H. (2018). "Semiannual Monetary Policy Report to the Congress." Testimony Before the Committee on Financial Services, U.S. House of Representatives, Washington, DC, February 27, 2018.

Qvigstad, Jan F. (2005). "When Does an Interest Rate Path `Look Good'? Criteria for an Appropriate Future Interest Rate Path—A Practitioner's Approach." Norges Bank Staff Memo: Monetary Policy, No. 2005/6, June 15, Oslo.

Rajan, Raghuram. (2016). "New Rules for the Monetary Game." *Project Syndicate*, March 2.

Ramey, Valerie. (2016). "Macroeconomic Shocks and Their Propagation, in *Handbook of Macroeconomics*, vol. 2, John B. Taylor and Harald Uhlig, eds. Amsterdam: Elsevier Science, pp. 71–162.

Reifschneider, David, and John C. Williams. (2000). "Three Lessons for Monetary Policy in a Low Inflation Era." *Journal of Money, Credit, and Banking*, vol. 32, no. 4, 936–966.

Rey, Helene. (2013). "Dilemma not Trilemma: The Global Financial Cycle and Monetary Policy Independence," in *Global Dimensions of Unconventional Monetary Policy*, Jackson Hole Conference, Federal Reserve Bank of Kansas City, pp. 285–333.

Ricardo, David. (1824). *Plan for the Establishment of a National Bank*. Reprinted in David Ricardo (1951), *The Works and Correspondence of David Ricardo. Volume 4: Pamphlets and Papers 1815–1823*. Cambridge: Cambridge University Press.

Shin, Hyun Song. (2017). "Monetary Policy Challenges Posed by Global Liquidity." High-Level Roundtable on Central Banking in Asia, 50th ADB Annual Meeting, Yokohama, Japan, May 6, 2017.

Shultz, George. (2014). "The Importance of Rules-Based Policy in Practice," in *Frameworks for Central Banking in the Next Century*, Michael D. Bordo, William Dupor, and John B. Taylor, eds. *Journal of Economic Dynamics and Control*, vol. 49, December, 142–143.

Simons, Henry. (1936). "Rules Versus Authorities in Monetary Policy." *Journal of Political Economy*, vol. 44, no. 1, 1–30.

Skolimowski, Piotr. (2017). "This Magic Formula Reveals How the ECB Might Taper," *Bloomberg News*, July 16. https://www.bloomberg.com/news/articles/2017-07-17/this-magic-formula-reveals-how-the-ecb-might-taper.

Smith, Adam. (1776). *An Inquiry into the Nature and Causes of the Wealth of Nations*. London: Methuen and Co.

Summers, Lawrence. (2014). "Remarks in Discussion on Session 1: 'Growth or Stagnation for the US Economy,'" *Journal of Policy Modeling*, vol. 36, no. 4, 697.

Sumner, Scott. (2014). "Nominal GDP Targeting: A Simple Rule to Improve Fed Performance." *Cato Journal*, vol. 34, no. 2, 315–337.

Svensson, Lars E. O. (1998). "Inflation Forecast Targeting: Implementing and

Monitoring Inflation Targets." *European Economic Review*, 41, 1111–1146.

Taylor, John B. (1979a). "An Econometric Business Cycle Model with Rational Expectations," Columbia University Working Paper. New York: Columbia University.

Taylor, John B. (1979b). "Estimation and Control of a Macroeconomic Model with Rational Expectations." *Econometrica*, vol. 47, no. 5, 1267–1286.

Taylor, John B. (1980). "Aggregate Dynamics and Staggered Contracts," *Journal of Political Economy*, vol. 88, 1–23.

Taylor, John B. (1985). "International Coordination in the Design of Macroeconomic Policy Rules." *European Economic Review*, vol. 28, 53–81.

Taylor, John B. (1988). "The Treatment of Expectations in Large Multicountry Models," in *Empirical Macroeconomics for Interdependent Economies*, Ralph Bryant et al., eds. Washington, DC, The Brookings Institution, pp. 161–182.

Taylor, John B. (1993a). "Discretion Versus Policy Rules in Practice." *Carnegie-Rochester Series on Public Policy*, 39, 195–214.

Taylor, John B. (1993b). *Macroeconomic Policy in a World Economy: From Econometric Design to Practical Operation*. New York: W. W. Norton. https://web.stanford.edu/~johntayl/MacroPolicyWorld.htm.

Taylor, John B. (1993c). Part of "Invited Contributors: Selected Comments and Reflections," in *Evaluating Policy Regimes: New Research in Empirical Macroeconomics*, Ralph Bryant, Peter Hooper, and Catherine Mann. (1993). Washington, DC: Brookings Institution, p. 426.

Taylor, John B. (1996). "Policy Rules as a Means to a More Effective Monetary Policy." *Monetary and Economic Studies*, vol. 14, no. 1, 28–39.

Taylor, John B. (1998a). "Applying Academic Research on Monetary Policy Rules: An Exercise in Translational Economics." The Harry G. Johnson Lecture. *The Manchester School Supplement*, vol. 66, 1–16.

Taylor, John B. (1998b). "Monetary Policy and the Long Boom," *Federal Reserve Bank of St. Louis Review*, November/December, 3–11.

Taylor, John B. (2001). "Expectations, Open Market Operations, and Changes in the Federal Funds Rate." *Federal Reserve Bank of St. Louis Review*, vol. 83, no. 4, 33–47.

Taylor, John B. (2007a). "Do We Get More Out of Theory Than We Put In?" *Central Banking*, vol. 18, no. 2, 23–27.

Taylor, John B. (2007b). "Globalization and Monetary Policy: Missions Impossible," poolside talk, Gerona, Spain, NBER conference, later published in Mark Gertler and Jordi Gali (Eds.), *The International Dimensions of Monetary Policy*. Chicago: The University of Chicago Press, 2009, pp. 609–624.

Taylor, John B. (2007c). "Housing and Monetary Policy," Federal Reserve Bank of Kansas City, *Proceedings–Economic Policy Symposium–Jackson Hole*, pp. 463–476.

Taylor, John B. (2008). "The Costs and Benefits of Deviating from the Systematic Component of Monetary Policy." Keynote Address at the Federal Reserve Bank of San Francisco, Conference on Monetary Policy and Asset Markets, February 22; https://web.stanford.edu/~johntayl/Onlinepapers combinedbyyear/2008/The_Costs_and_Benefiom_the_Systematic_Component_of_Monetary_Policy.pdf. Taylor, John B. (2010). "The Fed and the Crisis: A Reply to Ben Bernanke." *Wall Street Journal*, January 11, p. A19.

Taylor, John B. (2011). "Legislating a Rule for Monetary Policy." *Cato Journal*, vol. 31, no. 3, 407–415.

Taylor, John B. (2012a). "The Dual Nature of Forecast Targeting and Instrument Rules," in *The Taylor Rule and the Transformation of Monetary Policy*, Evan F. Koenig, Robert Leeson, and George A. Kahn, eds. Stanford, CA: Hoover Institution Press, pp. 235–244.

Taylor, John B. (2012b). "Monetary Policy Rules Work and Discretion Doesn't: A Tale of Two Eras." *Journal of Money, Credit and Banking*, vol. 44, no. 6, 1017–1032.

Taylor, John B. (2013). "International Monetary Coordination and the Great Deviation," *Journal of Policy Modeling*, vol. 35, no. 3, 463–472.

Taylor, John. (2015). "Recreating the 1940s-Founded Institutions for Today's Global Economy." Remarks upon Receiving the Truman Medal for Economic Policy, Kansas City, MO, October 14. https://web.stanford.edu/~johntayl/2015_pdfs/Truman_Medal_Talk-Taylor-10-14-2015.pdf.

Taylor, John B. (2016a). "Independence and the Scope of the Central Bank's Mandate," *Sveriges Riksbank Economic Review*, no. 3.

Taylor, John B. (2016b). "A Rules-Based Cooperatively-Managed International Monetary System for the Future," in *International Monetary Coopera-*

tion: Lessons from the Plaza Accord After Thirty Years, C.F. Bergsten and Russell Green, eds., Peterson Institute for International Economics: Washington, pp. 217–236.

Taylor, John B. (2016c). "The Staying Power of Staggered Wage and Price Setting Models in Macroeconomics." In *Handbook of Macroeconomics, Vol. 2*, John B. Taylor and Harald Uhlig, eds. Amsterdam: Elsevier Science, pp. 2009–2042.

Taylor, John B. (2018). "Alternatives for Reserve Balances and the Fed's Balance Sheet in the Future," in *The Structural Foundations of Monetary Policy*, Michael Bordo, John Cochrane, and Amit Seru, eds., Stanford, CA: Hoover Institution Press, pp. 16–27.

Taylor, John B., and Volker Wieland. (2012). "Surprising Comparative Properties of Monetary Models: Results from a New Model Data Base." *Review of Economics and Statistics*, vol. 94, no. 3, 800–816.

Taylor, John B., and Volker Wieland. (2016). "Finding the Equilibrium Real Interest Rate in a Fog of Policy Deviations." *Business Economics*, vol. 51, no. 3, 147–154.

Taylor, John B. and John C. Williams. (2009). "A Black Swan in the Money Market," *American Economic Journal: Macroeconomics*, vol. 1, no. 1, pp. 58–83.

Taylor, John B., and John C. Williams. (2011). "Simple and Robust Rules for Monetary Policy," in *Handbook of Monetary Economics*, vol. 3, Benjamin Friedman and Michael Woodford, eds. Amsterdam: Elsevier, pp. 829–859.

Teryoshin, Yevgeniy. (2017). "Historical Performance of Rule-Like Monetary Policy." Working Paper No. 17–005, Stanford Institute for Economic Policy Research, February; https://siepr.stanford.edu/sites/default/files/publications/17-005.pdf.

Thornton, Henry. (1939). *An Enquiry into the Nature and Effects of the Paper Credit of Great Britain*. Edited with an introduction by F. A. Hayek. New York: Rinehart & Company, Inc. Originally published in 1802.

Tinbergen, Jan. (1959). "An Economic Policy for 1936," in *Jan Tinbergen, Selected Papers*, L. H. Klaassen, L. M. Koyck, and H. J. Witteveen, eds. Amsterdam: North-Holland Publishing Company, pp. 37–84. Originally published in 1936 in Dutch.

Volcker, Paul. (2014). "Remarks," Bretton Woods Committee Annual Meeting,

June 17, 2014; http://www.brettonwoods.org/sites/default/fi/publications/Paul%20Volcker%20final%20Remarks%20June%2017.pdf.

Wicksell, Knut. (1907). "The Influence of the Rate of Interest on Prices." *Economic Journal*, vol. 17, 213–220.

Wieland, Volker, E. Afanasyeva, M. Kuete, and J. Yoo. (2016). "New Methods for Macro Financial Model Comparison and Policy Analysis," in *Handbook of Macroeconomics*, vol. 2, John B Taylor and Harald Uhlig, eds. Amsterdam: Elsevier, pp. 1241-1319.

Williams, John C. (2003). "Simple Rules for Monetary Policy," *Federal Reserve Bank of San Francisco Economic Review*, pp. 1-12.

Williams, Rob. (2018). "Kudlow: Jerome Powell's 'Rules-Based' Fed Policy Is Promising," *Newsmax*, February 27; https://www.newsmax.com/finance/streettalk/larry-kudlow-jerome-powell-taylor-rule-inflation/2018/02/27/id/845817/.

Woodford, Michael. (2012). "Forecast Targeting as a Monetary Policy Strategy: Policy Rules in Practice," in *The Taylor Rule and the Transformation of Monetary Policy*, Evan F. Koenig, Robert Leeson and George A. Kahn, eds. Stanford, CA: Hoover Institution Press, pp. 185–233.

Yellen, Janet. (2012). "The Economic Outlook and Monetary Policy, *Money Marketeers*, New York, April 11. https://www.federalreserve.gov/newsevents/speech/files/yellen20120411a.pdf.

Yellen, Janet. (2015). "Monetary Policy and the State of the Economy." Testimony Before the Financial Services Committee, House of Representatives, February 25.

Yellen, Janet L. (2017a). "The Economic Outlook and the Conduct of Monetary Policy." Speech at the Stanford Institute for Economic Policy Research, Stanford University, January 19.

Yellen, Janet L. (2017a). "The Goals of Monetary Policy and How We Pursue Them." Speech at the Commonwealth Club, San Francisco, January 18.

Yun, Tack. (1996). "Nominal Price Rigidity, Money Supply Endogeneity, and Business Cycles," *Journal of Monetary Economics*, vol. 37, 345–370.